50 ÍCONES QUE INSPIRARAM A MODA 1960

DESIGN MUSEUM

50 ÍCONES QUE INSPIRARAM A MODA 1960

PAULA REED

PUBLIFOLHA

OS ANOS 1960

O visual charmoso de Faye Dunaway na pele da célebre criminosa Bonnie Parker, no filme *Bonnie e Clyde*, de 1967, lançou nos anos 1960 a moda de boinas e cortes chanel, típicos da Grande Depressão.

Acima: as estampas florais românticas de Celia Birtwell eram uma expressão do desejo de "voltar à natureza" daquela década. *Abaixo:* os anos 1960 foram a década de Londres, e o rosto da capital efervescente era o da modelo e atriz Jean Shrimpton.

OS ANOS 1960

Londres influenciou o espírito dos anos 1960 como nenhuma outra cidade no mundo. Durante toda uma gloriosa década, até os salões da alta-costura parisiense estiveram no encalço da energia gerada na capital britânica. Era a cidade das oportunidades, impulsionada pelo entusiasmo iconoclasta de sua juventude.

Depois dos anos turbulentos da década de 1950, a Grã-Bretanha emergiu como um país diferente. "Nesse período", escreveu o jornalista americano John Crosby no suplemento colorido do *Daily Telegraph*, "a juventude capturou essa ilha antiga e assumiu o comando do país onde antes ela sempre havia se mantido corretamente em seu lugar. De repente, os jovens eram os donos da cidade".

A nova ordem social era irreconhecível para a velha guarda. Como lamentou a duquesa de Westminster com pesar à *Vogue*, "a sociedade londrina é um mundo que, para o bem ou para o mal, não existe mais".

Nos Estados Unidos, o jovem presidente e sua esposa inspiravam um novo idealismo. A carismática sra. Kennedy "evitava as reuniões e disputas da política americana e tinha inclinações para atividades mais leves, como pintura, literatura e moda", dizia a *Vogue*.

No cinema, longas filas se formavam para ver as obras de estrelas da Nouvelle Vague, como Chabrol e Godard, enquanto a Pop Art projetava Hockney e Warhol ao status de heróis *cults*. No Festival de Edimburgo de 1960, Kenneth Tynan observou: "A Inglaterra é complacente, e os jovens estão entediados. Existe o desejo de ouvir o vidro se quebrar".

Por toda uma década, o mundo contemplou essa efervescência de estilos.

Cores fortes e vivas deram o tom dos anos 1960, exprimindo a atitude livre e otimista da década. Aqui, as modelos usam peças de chiffon de Marc Bohan para a Dior. *Abaixo: Blow-Up* (1966), de Antonioni, ao mesmo tempo satirizava e celebrava a moda londrina. Seu personagem principal e emblemático é um fotógrafo de moda interpretado por David Hemmings, que crê ter testemunhado um assassinato através de sua câmera.

DUSTY SPRINGFIELD

1960

A rainha dos mods

Mary O'Brien (1939-1999) nasceu com uma voz que a tornaria a maior cantora pop da Grã-Bretanha, mas tudo o mais que contribuiu para fazer dela o ícone chamado Dusty Springfield foi fruto de esforço próprio. Sua carreira começou em um banda familiar de folk, The Springfields. Moleca que sempre gostou de brincar fazendo muita bagunça e sujeira, ela ganhou o apelido de Dusty ("poeirenta").

Em 1963, inspirada por grupos musicais femininos americanos, seguiu carreira solo. Deixou os certinhos Springfields para trás, abandonou os óculos e embarcou em uma autorreinvenção que faria dela "a rainha dos mods". Tornou-se a Dusty conhecida no mundo inteiro tanto pela atitude quanto pelo nome.

Seu estilo pessoal foi elaborado com cuidado, ela usava vestidos para a noite brilhantes, olhos bem marcados com muito rímel e delineador e arrumava seus fartos cabelos loiros oxigenados em enormes topetes colmeia. Derek Wadsworth, arranjador de muitas de suas composições em estúdio, disse: "Era como montar um quebra-cabeça. Dusty teria dado uma grande cientista, analisava cada detalhe. Dusty Springfield, uma criação de Mary O'Brien, era quase um personagem. Ela criou o pacote completo – o cabelo, os sapatos, os gestos – e tinha um bom gosto impecável".

Para o seu visual, Dusty pegou emprestados elementos das rainhas loiras e glamorosas da década de 1950, como Brigitte Bardot e Catherine Deneuve, e juntou tudo à sua maneira. Ela adotou o jeito como Peggy Lee olhava de soslaio e dava um sorrisinho no meio de uma canção. Inventou uma personagem que o público adorou, um rosto digno de capas de revista e falava como a garota perfeita que toda mãe gostaria de ter como nora.

Apesar da enorme popularidade, sofria de uma insegurança desesperadora: "Para ser a estrela que eles queriam, tive de me esconder atrás de uma máscara e escolhi o rímel".

O impacto artístico de Dusty Springfield é muitas vezes eclipsado pelos excessos glamorosos do penteado colmeia e da maquiagem bem marcada nos olhos. Eles fizeram dela um ícone da extravagância que ainda inspira releituras na passarela. Mas a qualidade de sua voz transcende tendências.

JEAN SEBERG

Uma *preppy* em Paris

1960

Jean Seberg (1938-1979) já tinha atuado em dezenas de filmes em Hollywood antes de se mudar para Paris. Críticas ferozes a seu trabalho feitas por jornalistas de seu país levaram-na a buscar sucesso na Europa.

Ironicamente, foi seu estilo *preppy* americano, ajustado pela elegância francesa, que acabou criando o estereótipo da *gamine* francesa [algo semelhante ao tipo de garota que denominamos *mignon*]. Ela é lembrada por seu visual esportivo e simples, que virou moda com peças despretensiosas como uma camisa masculina bem grande e sapatilha bailarina. Foi também em Paris que ela adotou o famoso corte de cabelo *pixie*, bem curtinho, pelo qual é mais lembrada.

Com 17 anos e completamente desconhecida, ela estrelou o épico hollywoodiano do diretor Otto Preminger *Joana d'Arc* (1957). Mas seu papel mais famoso foi em *Acossado*, ao lado de Jean-Paul Belmondo, na estreia de Jean-Luc Godard como diretor. A imagem de Seberg como Patricia Franchini passeando pela Champs-Elysées com a camiseta do *New York Herald Tribune* rendeu notícia nas páginas de estilo do mundo todo. A imagem ainda ressoa. Em 2010, no quinquagésimo aniversário da estreia de *Acossado*, as irmãs Kate e Laura Mulleavy, criadoras da marca californiana *cult* Rodarte, produziram uma camiseta com o cabeçalho clássico em homenagem à original de Seberg. Esgotou em poucos dias.

Outros clássicos do guarda-roupa pelos quais temos de agradecer eternamente à Franchini de Seberg são a camiseta listrada náutica, o chapéu de feltro fedora, trench coat, óculos enormes, calças skinny e sapatilhas bailarina.

O corte *pixie* de Jean Seberg continua a inspirar atrizes, de Carey Mulligan a Michelle Williams. Jean-Paul Belmondo ainda define o padrão do francês sexy e fumante. Para os fãs da moda ao longo dos anos, a camiseta de vendedora de jornal de Seberg-Franchini é sempre uma notícia quente.

NEW YORK

JEAN SHRIMPTON

A garota que todas as inglesas querem copiar

1960

Jean Shrimpton (1942-) foi a primeira modelo de alta-costura a virar também uma pin-up famosa. Seu estilo livre possibilitou que garotas da sua idade prestassem atenção às roupas elegantes e caras que ela vestia. Aluna da Lucie Clayton College, foi flagrada pela primeira vez por David Bailey. Como casal, os dois tornaram-se símbolos de Londres no começo da década de 1960. Ele dizia ser quase impossível fazer uma foto ruim dela e que mesmo na foto do passaporte ela estava linda. Mais tarde, ela o deixou pelo ator Terence Stamp, mas depois, no auge da carreira, rejeitou a vida de celebridade e mudou-se para o campo.

Shrimpton sempre foi cautelosa em relação à fama; entrevistada pela revista *About Town* em 1962, disse: "Não tenho uma beleza clássica. Na verdade, nem do tipo beatnik, mas estou na moda. Daqui a um ano todo mundo talvez nem ligue para meu tipo de aparência".

Apesar da modéstia, Shrimpton já era um nome conhecido aos 25 anos. Também se deve a ela uma mudança no curso da moda popular. A minissaia pode ter nascido na passarela, mas quando Shrimpton apareceu com um vestido curto na Melbourne Cup, na Austrália, de repente toda mulher queria um igual. Isso foi obra do acaso, pois Colin Rolfe, seu costureiro, descobriu que não tinha tecido suficiente para acabar os quatro modelos que ela queria, então cortou todos acima do joelho.

Shrimpton era adorada na moda britânica. A *Vogue* local disse: "O mundo de repente quer copiar nosso estilo. Em Nova York é o *London look*. Em Paris é *le style anglais*. Toda garota inglesa parece agora ter a autoconfiança que os elogios e a admiração proporcionam. As inglesinhas parecem ter atitude, jeito de líder". "The Shrimp" era essa garota.

Em poucos meses, a câmera de David Bailey transformou Shrimpton, uma garota bem-educada do interior que odiava que a encarassem assim, em um ícone sexual tão desejado quanto Monroe, Taylor ou Bardot. Pela primeira vez, graças a ela, as páginas de moda foram arrancadas para se tornarem pôsteres de pin-up em bares e oficinas mecânicas.

LA DOLCE VITA 1960

A "vida boa" com filme, moda e um Fiat 500

Nenhum filme capturou de modo tão vívido o brilho do *miracolo economico* na Itália do pós-guerra quanto a obra-prima de Federico Fellini, *La dolce vita* (1960). Depois da miséria da guerra e do fascismo, a nação se deliciava com um *boom* de consumo impulsionado pelo cinema, pela moda e pelo Fiat 500. Desde então, Roma nunca mais se afastou do sonho da *dolce vita*.

Nos anos 1950, Roma havia se tornado um posto avançado de Hollywood, atraindo muitas produções americanas. Filmes como *Ben Hur* (1958) e *Cleópatra* (1963) foram rodados na Cinecittà, os estúdios de cinema romanos, conhecidos como "a Hollywood à beira do Tibre". Os restaurantes viviam cheios de atores, produtores e diretores americanos, ao lado da onipresente imprensa e das mulheres que os seguiam por todos os cantos. O personagem Paparazzo, o fotógrafo de jornal sempre a postos no filme de Fellini, deu seu nome a essa profissão.

Fellini captou de modo magistral a atmosfera de abundância e excessos do pós-guerra. De fato, para os homens e as mulheres comuns da época, a elite social parecia dar uma festa atrás da outra. Desrespeitando, sem preocupação, compromissos agendados e aparentemente vivendo apenas para as noites de prazer, atores, aristocratas, playboys, dândis e intelectuais elegantes esbanjavam tempo e recursos na mesma medida, como se não houvesse limite. Mas *La dolce vita* também analisa a crise de uma sociedade em transformação, que luta para compreender os valores voláteis de uma era de comunicação e consumo de massa.

O *New York Times* elogiou Fellini por sua "análise brilhantemente viva de uma camada da sociedade em triste decadência" e seu "ensaio revelador sobre a tragédia dos ultracivilizados". *La dolce vita* foi o grande sucesso de bilheteria de 1960 e lançou Marcello Mastroianni como galã internacional. Em Londres, o lançamento de todos os filmes de Fellini, Godard e Antonioni era recebido com longas filas nas bilheterias; juntos, os três tiveram profunda influência nos diretores e no nascimento do neorrealismo britânicos.

Anita Ekberg brincando com Marcello Mastroianni na Fontana di Trevi é uma das cenas memoráveis do cinema moderno. Naquela noite de março de 1959, conta a lenda que Mastroianni sentiu tanto frio que precisou de uma roupa de mergulho e de uma garrafa de vodca. Também há relatos de que Ekberg conseguiu fazer a cena sem nenhum tipo de ajuda.

SANDIE SHAW

A diva descalça de Dagenham

1960

"A maior estrela da história" – uma reivindicação grandiosa, talvez, mas em meados dos anos 1960, quando os Beatles ainda eram muito jovens, Sandie Shaw (1947-) era mesmo a maior estrela pop da história – ao menos no Reino Unido.

Uma jovem de 17 anos, com maçãs do rosto salientes e um corte chanel estupendo assinado por Vidal Sassoon, ela surgiu aparentemente do nada (na verdade, de Dagenham) para se tornar a primeira mulher a ter três sucessos nos primeiros lugares das paradas e a primeira artista da Grã-Bretanha a vencer o festival de canções Eurovision. Mais importante ainda, ela conseguiu, com sua performance excêntrica de pés descalços, transformar-se em um símbolo da contracultura dos anos 1960.

Talvez para o cenário atual ela não passe de uma genérica representante do pop da época – como Lulu, Cilla Black e Petula Clark –, mas Sandie Shaw foi, e ainda é, um tipo muito mais ousado. Seu sucesso começou no início da década de 1960, quando ficou em segundo lugar no concurso de talentos do Ilford Palais. Isso possibilitou uma audição em Londres e a oportunidade de cantar em um concerto beneficente em Hammersmith, onde conheceu Adam Faith. Shaw conquistou o primeiro lugar nas paradas em 1964 com a música de Burt Bacharach "(There's) always something there to remind me".

Shaw viveu o sonho dos anos 1960, esquivando-se do olhar atento de seu pai para ir a uma festa com Jimi Hendrix, mas nunca por muito tempo, tão intenso era seu trabalho. Garota britânica original, ela era a imagem da menina independente da cidade. Para as jovens de Dagenham, devia parecer que ela tinha tudo: um disco de sucesso número um com 17 anos, um casaco de pele (que ela usava no inverno e no verão) e um Mercedes branco. A gravadora comemorou seu aniversário com um bolo decorado com uma réplica feita de sorvete dos pés famosos.

Quando se casou com o estilista Jeff Banks em 1967, ela era tão famosa que, a fim de passar despercebida por seus apaixonados fãs e pela imprensa, sempre por perto, foi disfarçada ao cartório.

Sandie Shaw tirou os sapatos pela primeira vez durante a gravação de "As long as you're happy, baby". Seu agente estava perplexo, mas Adam Faith assegurou-lhe: "Não se preocupe, ela sabe o que está fazendo". O público adorou. Ela achava que cantava melhor descalça e, desde então, sempre se apresentou sem sapato.

AUDREY HEPBURN

1961

Bonequinha de luxo

Depois de 1961 e de *Bonequinha de luxo*, surgiu um verdadeiro exército de garotas de vestido preto à la Audrey Hepburn. A influência do filme foi tão grande que a Sociedade Americana para a Prevenção da Crueldade contra os Animais relatou uma avalanche de pedidos de gatos amarelos. Além disso, o filme marcou o florescimento da parceria Audrey-Givenchy, quando o estilo "chique de ressaca" de Holly Golightly gerou uma procura enorme por colares de pérolas falsas de três voltas, vestidos sem manga e óculos escuros grandões.

A persona projetada por Audrey Hepburn tinha sofisticação, porém jamais se mostrava frágil ou fria. Até então, ela havia se especializado no papel da ingênua; o momento em que ela aparece pela primeira vez no filme, na Quinta Avenida vazia, ainda é classificado como uma das maiores transformações de todos os tempos já vista nas telas. A revista *Silver Screen* comentou: "Ela está mudando a estética das garotas de Hollywood. Daquelas com seios fartos e suéteres recheados com mais curvas que a Ferrovia Central de Nova York para as esbeltas como um guarda-chuva".

Ali, na Quinta Avenida, com seu penteado com tiara, vestido Givenchy e luvas de noite, bebendo café em copo para viagem e comendo um pão doce, Hepburn arrebatou o público do mundo todo.

Quando Truman Capote vendeu os direitos de filmagem de seu romance à Paramount, ele queria Marilyn Monroe interpretando Holly e reclamou que Hepburn era "a escolha totalmente errada para o papel". O diretor Blake Edwards recebeu uma enxurrada de críticas feitas por jornalistas especializados em cinema direcionadas à interpretação piegas da atriz. Havia expectativas muito altas para o galã George Peppard, considerado o próximo James Dean. Mas desde então a elegância natural de Audrey Hepburn em *Bonequinha de luxo* foi analisada por editores de moda, incorporada por modelos e copiada e desejada por mulheres de todo o mundo.

Mesmo hoje, o site de críticas de cinema Rotten Tomatoes dá a *Bonequinha de luxo* uma classificação de 88% de aprovação, concluindo: "O filme contém alguns anacronismos feios, mas [o diretor] Blake Edwards está no auge do seu humor nesse clássico, e Audrey Hepburn sem dúvida brilha na tela".

KENNETH BATTELLE 1961

A alta moda em cabelos

Ninguém sabia quem cuidava do cabelo de Mamie Eisenhower, mas todos sabiam quem cuidava do de Jackie – o sr. Kenneth. Kenneth Battelle (1927-2013) foi o primeiro cabeleireiro celebridade, além de o primeiro a ser conhecido apenas pelo primeiro nome.

Battelle tornou-se uma lenda dos anos 1960, graças a clientes famosos que muitas vezes o chamavam para operar pequenos milagres. Ele conseguiu transformar o cabelo de Marilyn Monroe com permanente e excesso de descoloração em uma moldura macia como algodão-doce. Projetado pelo famoso designer de interiores Billy Baldwin, seu salão na East 54th Street era a síntese do glamour da região rica da cidade. As clientes tinham grande chance de lavar o cabelo sentadas ao lado de divas como Lauren Bacall ou Audrey Hepburn, assim como de outras colunáveis.

Durante o início da década de 1960, Battelle deixou de ser um segredo de poucos para se tornar um nome conhecido como o cabeleireiro da sra. Kennedy. Ele criou o penteado armado para Jackie, a fim de equilibrar as maçãs do rosto largas e dar mais altura a sua silhueta fina de ombros largos. Diz a lenda que, antes de penteá-lo, ele arrumou o cabelo dela com bobes especialmente concebidos para isso. Milhões de mulheres de todo o mundo copiaram seu visual.

Mesmo sendo da equipe de estilo da primeira-dama, em 1962 também fez o cabelo de Marilyn Monroe para a festa de aniversário de 45 anos de JFK (a noite em que ela silenciou o Madison Square Garden com sua famosa interpretação de "Happy birthday, Mr. President"). Menos de um ano depois, ele cortou o cabelo de Jacqueline Kennedy na manhã antes de a primeira-dama acompanhar o marido a Dallas, onde ele seria assassinado.

Sem dúvida, o salão de cabeleireiros de Nova York, conhecido simplesmente como Kenneth, poderia ter caído no anonimato como outros locais charmosos da época. Mas o sr. Kenneth conseguiu torná-lo renomado, e o salão cuida até hoje das madeixas da nova geração de expoentes da coluna social.

DIANA VREELAND

Criando moda para o editor de moda

1962

Depois de ocupar o posto de editora de moda da *Harper's Bazaar* durante o pós-guerra, Diana Vreeland (1903-1989) tornou-se editora da *Vogue* americana em 1962 e permaneceu por apenas nove anos, mas esse período mudou o mercado de revistas de moda para sempre. Ela, sim, foi a verdadeira sacerdotisa dessa área.

Vreeland valorizou a energia e o novo estilo da década. Sua imaginação se alimentava das atividades dos jovens, e para muitos deles ela desempenhou um importante papel de mentora. Muitos estilistas e editores influentes citaram Diana Vreeland como inspiração para sua carreira.

Suas palavras eram poderosas e influentes. Ela batizava as novas tendências e as pessoas responsáveis por elas com manchetes instigantes e metáforas memoráveis, pelas quais ela ficou famosa. O uso na *Vogue* do termo *beautiful people* ("gente linda") virou sinônimo do estilo de vida chique e rico da década de 1960. E até hoje o amálgama *youthquake* (combinação de *youth*, juventude, com *earthquake*, terremoto) resume a criatividade vibrante da década.

Muitos de seus fotógrafos favoritos, entre eles David Bailey, Irving Penn e William Klein, fizeram aqueles que são considerados seus melhores trabalhos sob a batuta de Vreeland. As modelos preferidas dela redefiniram a imagem da beleza moderna. Com o rosto de Veruschka, Marisa Berenson, Twiggy e Jean Shrimpton, ela possibilitou a esses profissionais construir suas fantasias por meio de imagens (ou, no caso de Penelope Tree – uma de suas descobertas –, as suas próprias). Ela observou: "Um pouco de romance, um pouco de esplendor, um pouco de luxo em nossa vida... é o que desejamos, não é?".

Aberta a tudo o que fosse novo, diferente e fora dos padrões, a imaginação e o olhar alerta de Vreeland para o futuro encorajou e definiu a atitude que estava no ar. Ela promoveu o *look* era espacial de Courrèges com o mesmo entusiasmo demonstrado pela forma clássica de Balenciaga: para ela, ambos continham a mesma mensagem de vitalidade.

Richard Avedon disse sobre Vreeland: "Diana inventou o editor de moda. Antes dela eram apenas senhoras da sociedade colocando chapéus em outras senhoras da sociedade".

Há tantas histórias sobre Vreeland que ela virou quase um personagem mítico. Como disse Marc Jacobs, "Diana Vreeland tornou-se o arquétipo e o estereótipo do que significa ser um editor de moda. Ninguém jamais foi como ela".

JEANNE MOREAU

O rosto da Nouvelle Vague

1962

Jeanne Moreau (1928-) é a personificação da Nouvelle Vague. A crítica de cinema Ginette Vincendeau definiu-a como "bonita, mas de um jeito natural; sexy, mas ao mesmo tempo intelectual, uma espécie de sexualidade cerebral". Com seu glamour sensual e humor seco e afiado, Moreau tornou-se um ícone da nova face do cinema francês, cujos pioneiros foram Godard e Truffaut.

Moreau chamou a atenção pela primeira vez em 1962, quando François Truffaut a dirigiu no papel da imprevisível Catherine em sua obra-prima inquestionável, *Jules e Jim*. Truffaut escreveu sobre ela: "Suas qualidades como atriz e mulher tornaram Catherine real, plausível, louca, possessiva, apaixonada, mas acima de tudo adorável". O filme recebeu vários prêmios no mundo todo, foi um sucesso comercial e confirmou Moreau como grande atriz. Sua imagem de mulher que vive o momento e segue o impulso de suas paixões inspirava uma nova geração de mulheres livres.

O visual de Moreau no filme virou um *hit* instantâneo e confirmou outra dimensão de sua poderosa influência. Mulheres em toda parte de repente estavam usando óculos da vovó, cachecóis compridos, polainas, botas, calças largas e boina de menino pobre. Sua influência perdurou, levando mais mulheres a aderir ao romantismo dos cachos e babados, por conta do figurino em *Viva Maria!* (1965), comédia na qual contracenava com Brigitte Bardot.

Foi nessa época que Jeanne conheceu o estilista Pierre Cardin. Ela estava experimentando uma roupa dele, e foi amor à primeira vista. Ficaram cinco anos juntos, com o relacionamento sendo registrado pela imprensa em locais exóticos como Grécia e Taiti ou em casa, em Paris. Ela se tornou sua modelo mais conhecida, e ele, o homem responsável pelo visual dela. Foram um dos casais mais comentados de seu tempo, e a possibilidade de virem a se casar era tema frequente de especulações, mas isso não chegou a acontecer.

Foi sua atuação como Catherine – coquete em dado momento, mandona em outro – na obra-prima de Truffaut, *Jules e Jim*, que fez de Moreau uma estrela e a definiu como símbolo sexual e intelectual. Mas ela também trabalhou com outros expoentes, como Buñuel, Antonioni e Orson Welles, que uma vez a chamou de "a maior atriz do mundo".

CHRISTINE KEELER

A musa escandalosa da revolução sexual

1963

Christine Keeler (1942-) tinha apenas 16 anos quando conheceu Stephen Ward. Ela deixou a pobreza extrema de Berkshire, fugindo para Londres a fim de trabalhar como dançarina topless. Ward, então com 46 anos, osteopata da alta sociedade, tinha como ocupação secundária apresentar garotas a seus amigos bem-nascidos. O caso dela com o ministro da Guerra John Profumo derrubou o governo de Harold Macmillan e causou um escândalo que repercutiu no Kremlin.

Keeler pagou um preço alto por desafiar o código moral da sociedade. Ela pode ter sido considerada uma pária na época, mas hoje é vista mais como vítima de uma sociedade puritana e vingativa. Com os protagonistas a salvo e fora do caminho, a classe política conseguiu encobrir todo esse assunto desagradável. O sexo estava na boca do povo, e a imprensa descobriu que podia expor a vida privada de figuras públicas. Morena e com jeito de aspirante a estrela, Keeler também foi um alvo fotogênico dos tabloides.

Quando, nos anos 1960, as bainhas subiram, as inibições caíram por terra. A vida de Christine Keeler reflete a evolução da nova sociedade, na qual jovens da classe trabalhadora – até então com poucas opções no que diz respeito aos rumos que poderiam tomar– viram-se subitamente diante de múltiplas oportunidades. Keeler, um efeito colateral da agitação social e política da época, não só marcou aquela década, mas também mudou o mundo.

O filme *Escândalo* (1989), estrelado por Joanne Whalley, contou a história de Christine Keeler a uma nova geração. O caso Profumo deu origem ao tipo de jornalismo de tabloide sem limites, pelo qual a Grã-Bretanha ficou mundialmente famosa e onde nenhuma figura pública está segura.

ELIZABETH TAYLOR COMO CLEÓPATRA

1963

A rainha que quase afundou a Twentieth Century-Fox

Quando aceitou o papel de Cleópatra, a atriz Elizabeth Taylor (1932--2011) estava no auge da fama. Muitas estrelas belas e poderosas apareceram antes e depois dela, mas nenhuma provocou o mesmo fascínio. De uma beleza estonteante, Taylor conquistou fama mundial ainda na infância. Suas raízes (ela nasceu em Londres, de pais americanos) proporcionaram-lhe um status único no mundo anglófono – foi ao mesmo tempo um patrimônio britânico e de grandiosidade americana.

A cena mais famosa do filme de 1963 é, talvez, a imagem que define melhor a carreira épica de Elizabeth Taylor. A chegada de Cleópatra a Roma – com trajes de ouro 24 quilates, um elenco de milhares de pessoas e um orçamento que superou (em quase três vezes) a produção mais cara que até então já existira – quase levou a Twentieth Century-Fox à falência. Acessórios de cena e cenários foram confeccionados em tamanho real. A réplica de um fórum romano construído para essa cena foi, de acordo com a assessoria de imprensa, "maior do que o original e cerca de cem vezes mais caro". A peruca com contas de ouro que ela usou para se encontrar com César foi vendida, pouco depois de sua morte, por US$ 11 mil.

Ninguém amou diamantes como Liz Taylor, e poucos possuíram tantos. Sua coleção era lendária, e em 2011 o leilão na Christie's angariou US$ 137,2 milhões. Como Taylor comentou: "Sem dúvida, uma das maiores vantagens de fazer Cleópatra em Roma foi a lojinha adorável da Bulgari".

Mesmo sendo o filme de maior bilheteria daquele ano, *Cleópatra* deu prejuízo. O fascínio duradouro de Elizabeth Taylor como a rainha egípcia continua a inspirar reinterpretações no mundo da moda, como a de Kim Kardashian, em um de seus melhores ensaios, na edição de março de 2011 da *Harper's Bazaar* norte-americana.

ANDRÉ COURRÈGES

Estilista da era espacial

1964

Nascido em 1923, André Courrèges formou-se engenheiro com 25 anos. Em 1950, foi para Paris trabalhar na *maison* de Jeanne Lafaurie, tendo depois conquistado um posto com Balenciaga. Trabalhou para o mestre da alta-costura por dez anos, aprimorando suas habilidades no corte e na confecção de peças de vestuário. Em 1961, com a bênção de seu mentor, Courrèges saiu para montar seu próprio ateliê.

Seu olhar era radicalmente diferente não só do de Balenciaga como de tudo o que existia na moda até então. Sua mulher e parceira, Coqueline, organizou a apresentação de suas coleções, que ela concebeu como um "show", animado por música alta e modelos jovens que dançavam.

A coleção de primavera de 1964, com minivestidos retos e alfaiataria futurista, confundiu os especialistas. O visual foi criado com tecidos pesados como gabardine, que mantinham uma forma rígida. Além disso, ele usou materiais até então inéditos em um ateliê de alta-costura: metal, plástico e uma inovação de vanguarda chamada vinil, ou PVC. Muitos trajes eram feitos com pequenas peças interligadas, expondo costas, cintura e abdome, e, para o choque geral, além de tudo eram usadas sem sutiã.

Os acessórios incluíam botas sem salto, óculos de proteção e capacetes inspirados nos equipamentos usados pelos astronautas. Com formas bem definidas e paleta branca e metálica, Courrèges foi celebrado como o estilista da era espacial.

Do ponto de vista publicitário, a coleção foi um sucesso. A *Vogue* britânica declarou 1964 "o ano de Courrèges". Suas roupas representavam uma versão alta-costura do estilo *youthquake* das ruas e anunciava a chegada do visual *moon girl* ("garota lunar"). Courrèges transformou a calça em uma peça aceitável para o dia para mulheres elegantes e até hoje ele concorre com Mary Quant pelo crédito de ter sido o inventor da minissaia.

Entre os itens mais malucos do legado *fashion* de Courrèges, estão o vestido que brilha no escuro e os maiôs diminutos sustentados apenas por amarras laterais. No entanto, os varejistas de marcas populares o adoravam. Em 1964, o mercado foi inundado por saias e jaquetas de plástico, capacetes, botas go-go e óculos de proteção.

DAVID BAILEY

Por uma década mais sexy

1964

Nos anos 1960, surgiu uma nova turma de fotógrafos que costumava sair com as celebridades que clicavam e tornou-se tão famosa quanto elas. Foram também esses que impulsionaram a Swinging London* naquela década, e David Bailey (1938-) estava à frente do grupo. De origem humilde, conquistou prestígio graças a seu talento. Nas palavras de Bailey: "Com 16 anos tive de fazer uma escolha. Eu poderia ser músico de jazz, ator ou ladrão de carros. Me disseram que eu não poderia ser fotógrafo de moda porque não tinha a cabeça em uma nuvem de chiffon. Mas eles se esqueceram de uma coisa: eu adorava olhar para as mulheres".

O jornalista americano Tom Wolfe notou uma radical mudança cultural: "Antes era o poder que criava o grande estilo, mas agora o grande estilo vem de lugares pobres". Bailey projetava sua juventude e sensualidade em seu trabalho. Suas imagens tinham uma força envolvente e fiel a seus valores: em preto e branco, minimalistas e com grafismos fortes. "Sempre odiei fotos bobas, truques", declarou recentemente. Com uma pequena câmera reflex, ele se libertou das limitações do tripé e do estúdio e registrou a alta-moda tanto nas ruas como em locações exóticas.

Bailey era tão interessado em ser parte desse novo estilo como em registrá-lo. Vestia-se de acordo com sua imagem e virou um herói *cult*. Quando se casou com Catherine Deneuve em 1965, seu padrinho foi Mick Jagger. O evento causou furor na mídia. Em 1966, o filme *Blow-Up*, sobre o trabalho e as aventuras sexuais de um fotógrafo de moda em Londres, foi em grande parte baseado em Bailey.

David Bailey entrou na *Vogue* no verão de 1960 e produziu fotos repletas de tensão sexual. Lutou contra o sistema da moda para deixar sua marca e ainda é um dos mais ilustres fotógrafos britânicos.

* Denominação para a efervescência cultural e a modernização dos costumes que tomaram conta de Londres nos anos 1960. *Swinging* pode ser entendido, nesse contexto, como vibrante, descolado, arrojado.

O MONOQUÍNI DE RUDI GERNREICH

1964

Escandalizando o público americano

Rudi Gernreich (1922-1985) foi o queridinho das vanguardas americanas. Se Courrèges e Quant mostravam saias mais curtas, Gernreich deu um passo além e apresentou um vestido topless que ganhou as manchetes (embora não tenha vendido muito).

Também criou o monoquíni, um maiô topless que foi usado por Peggy Moffitt, sua modelo preferida. A peça minúscula podia cair muito bem entre as banhistas ousadas das praias europeias, mas foi proibida nos Estados Unidos, escandalizando o público americano. Em todo o país, políticos e representantes da Igreja proclamaram o maiô imoral e de mau gosto.

Muitas pessoas entenderam que o monoquíni não passava de uma jogada *fashion*. No entanto, apesar da reação de críticos e religiosos, as consumidoras compraram quantidades inesperadas naquele verão. No fim da temporada, Gernreich tinha vendido 3 mil trajes de banho por US$ 24 a peça (um lucro significativo para um pedaço de tecido tão minúsculo). Ainda assim, apesar da quantidade de monoquínis comercializados, a história da moda registra que poucos parecem ter sido usados em público.

Cabe a Gernreich, ainda, o crédito por outros lançamentos. Seu objetivo era aperfeiçoar a linha da silhueta com costura e sem pences, e, como roupa perfeita de lançamento, ele criou o sutiã *no-bra*, com bojos feitos de triângulos de tela de náilon bem atados às alças nos ombros e uma faixa elástica estreita em torno do tórax. Ele dispensou a estruturação interna pesada dos trajes de banho. Criou macacões, collants e leggings baseados no vestuário dos bailarinos, mas em malha cor de pele e jérsei preto. Fez experimentos com o visual andrógino ao colocar homens de saia e foi um dos primeiros a deixar aparentes os zíperes grandes de metal como ornamento.

Gernreich, um nudista engajado, ficou famoso com o monoquíni. O prefeito de São Francisco declarou: "O topless é o pior da pornografia". Na Rússia, ele foi proibido como um "indicativo da decadência social".

VIDAL SASSOON

A revolução do cabelo com os cortes geométricos

1964

Vidal Sassoon (1928-2012) entrou para a história das melenas célebres quando recebeu US$ 5 mil para cortar o cabelo de Mia Farrow, prestes a iniciar as filmagens de *O bebê de Rosemary* (1968). Na época, Mia era casada com Frank Sinatra, e surgiram boatos responsabilizando o corte supercurto feito por Sassoon pelo fim do casamento deles. Verdade ou não, isso só serviu para aumentar a fama do cabeleireiro.

Foi a mãe do então jovem Vidal quem o ajudou a fazer seu primeiro estágio como cabeleireiro em um salão do East End, onde ele começou a desenvolver o gosto pela geometria. Sassoon sonhava em se formar arquiteto antes de se juntar ao Exército de Israel em 1948, mas sua proposta arquitetônica de cabelo, afinal, fez dele o cabeleireiro mais procurado dos anos 1960.

Os cortes de Sassoon eram de muito estilo e pouca manutenção. Antes dele, as mulheres eram escravas de bobes e escovas. Sassoon criou formas modernas e com uma visão futurista tão forte que ainda hoje, quase cinquenta anos depois, elas parecem "atuais". Entre suas contribuições mais duradouras estão o corte de cinco pontas usado pela estilista Mary Quant e o chanel angular de Nancy Kwan para o filme *O mundo de Suzie Wong* (1960). Ao lado de Quant, Sassoon imprimiu o estilo pelo qual os anos 1960 ficaram conhecidos. Como a própria estilista dizia, "eu fiz as roupas, mas ele pôs a cobertura".

A estética baseava-se em fios escuros, lisos e brilhantes, arrumados com precisão. Seus cortes de cabelo geométricos podiam parecer curtos demais, mas eram do tipo lavou e pronto, não precisavam de nenhum produto e contavam com o brilho natural do cabelo para impactar.

Sassoon foi fundamental para o desenvolvimento comercial do cuidado com os cabelos e construiu um império no mundo todo ao reunir uma equipe de profissionais supertalentosos. A "arquitetura do rosto" sempre guiava seu pensamento, e ele encontrava inspiração constante no trabalho dos arquitetos e designers da Bauhaus. Sassoon considerou uma de suas maiores conquistas o fato de estudiosos da escola modernista alemã reconhecerem seus cortes como "parte do movimento vanguardista do design".

Vidal Sassoon admitiu que seu sucesso também foi mérito de Mary Quant, que chegou até ele com um dilema: "Vidal, não aguento mais todos esses coques. Deve existir outra maneira de manter o cabelo longe da roupa". Sassoon respondeu: "Claro, você pode cortar tudo".

BRIDGET RILEY

Uma década hipnotizada pela Op Art

1965

A moda, o design e a publicidade se apaixonaram pelos padrões gráficos da Op Art e por seu hipnotizante impacto decorativo. Em todas os ramos de design, a Op Art era algo bem-visto, e Bridget Riley (aqui em foto de Tony Evans) tornou-se a celebridade artística número um da Grã-Bretanha.

A artista britânica Bridget Riley (1931-) relutou em aceitar o título de ícone da moda. Em Nova York, em 1965, na abertura de sua exposição The Responsive Eye, muito aguardada no Museu de Arte Moderna, ela ficou horrorizada ao ver vestidos com desenhos de suas pinturas nas vitrines de lojas da Madison Avenue. Sentiu-se indignada com a forma como sua arte estava sendo "vulgarizada no comércio". Até tentou processar um fabricante de roupas americano que produziu uma linha de vestidos inspirada em uma de suas pinturas, uma obra que ele havia comprado para sua coleção.

Mas Riley travava uma batalha perdida. Sua fama surgiu quando a explosão da cultura jovem dos anos 1960 ganhou impulso. Obras como *Blaze 1* (1962) e *White Discs 2* (1964) – cujos padrões hipnóticos em preto e branco davam a impressão de saltar da tela ou se movimentar – sintetizavam o clima alucinógeno da época. Fabricantes de moda britânicos descobriram aplicações infindáveis para a arte de Riley. Sacola de compras, carroceria de carros, guardanapo de papel e tecidos para decoração foram alguns dos itens produzidos com seus motivos monocromáticos, o que deixava a artista exasperada.

Se Riley pensou que poderia enfrentar a onda passageira dos mods em casa, estava enganada, pois, quando a banda The Who chegou aos Estados Unidos, ela foi descoberta por um novo público, que considerou sua obra parte essencial do visual londrino. Ela se tornou conhecida no mundo todo, embora talvez não exatamente da maneira como gostaria. Apesar de suas objeções, Bridget Riley tornou-se uma das pessoas mais influentes no mundo da moda.

EDIE SEDGWICK

1965

Pobre menina rica: a rainha da Factory

Em 1965, com 22 anos, Edith ("Edie") Sedgwick (1943-1971) conheceu Andy Warhol em uma festa em Nova York. Herdeira de uma família californiana problemática, a mocinha de cabelo curto tingido de loiro, olhos delineados com kajal e brincos retrô pendentes cativou Warhol. Antes mesmo de a noite acabar, ele a chamou para um papel em *Vinyl* (1965), filme que ele estava fazendo.

Patti Smith, a poeta do punk, lembra: "A imagem dela era tão forte que eu pensei 'É isso'. Ela representava tudo para mim, inteligência radiante, rapidez, conexão com o momento". Sedgwick tornou-se "a rainha da Factory", o estúdio de Nova York onde a trupe de Warhol trabalhava e festejava. Era a antítese da herdeira de sociedade da época e fascinava a todos com seus vestidos longos e pés descalços, complementados com joias de sua avó. Suas meias opacas, collants, cílios postiços e brincos até o ombro inspiraram aspirantes a Edie em todo lugar.

Por um curto período, Warhol e Sedgwick foram inseparáveis. Ela tingiu o cabelo de branco prateado como o dele. Ele usava um suéter listrado igual ao dela. Em 1966, Sedgwick já não era apenas uma figura *cult*. Posou para a *Vogue*, que a descreveu como uma garota com "cabelos descoloridos, olhos pretos como carvão e pernas de fazer qualquer um desmaiar".

Em última análise, se seu relacionamento com Warhol foi de curta duração, seu estilo e imagem surpreenderam a década e continuam a inspirar – do corte de cabelo curto de Kate Moss em 2001 à interpretação de Sienna Miller no filme *Factory girl*, de 2006, e ao desfile de John Galliano para a Dior em 2005. O estilista justifica a influência: "Ela pode ter tido apenas quinze minutos de fama, mas seu estilo e imagem influenciaram toda uma geração".

Para uma mulher sem nenhum talento específico, Edie Sedgwick provocou um impacto enorme e duradouro. As canções "Just like a woman", "Leopard skin pillbox hat" e "Like a Rolling Stone", de Bob Dylan, são, supostamente, sobre Sedgwick.

JULIE CHRISTIE

1965

A moda em um drama nas estepes congeladas

A atriz britânica Julie Christie (1941-) causou enorme impacto em sua rápida aparição em *O mundo fabuloso de Billy Liar* (1963), sendo imediatamente caracterizada com o estilo *Vogue*. A revista a chamou de "loira meio maluca" e de "uma das melhores surpresas do filme". Ela logo se tornou uma estrela por mérito próprio e alcançou o sucesso com seus papéis em *Dr. Jivago* (1965) e *Longe deste insensato mundo* (1967).

Como a Lara incrivelmente bela de *Dr. Jivago*, transformou o maxicasaco em objeto do desejo da noite para o dia. Poucos filmes tiveram tanta influência na moda. Com os anos 1960 em plena força, a minissaia ainda teria um longo caminho a percorrer, mas mesmo assim John Fairchild, editor do *Women's Wear Daily*, empreendeu uma cruzada pessoal para derrubar as bainhas após ser atingido por uma paixão arrebatadora pelo guarda-roupa de Lara. De fato, o papel de Christie está entre os poucos que continuam inspirando estilistas.

Em *Dr. Jivago*, o diretor David Lean valorizou sua atriz principal iluminando seu rosto com o maior cuidado e colocando-a em locações e figurinos de tirar o fôlego. O conto épico de amor na Rússia devastada pela guerra e dividida pela revolução e pela ideologia utiliza roupas para expressar a mudança social. Assim, o guarda-roupa aristocrático e elegante de Christie na primeira parte do filme dá lugar a uniformes militares sóbrios. Inevitavelmente, a alfaiataria militar também se tornou uma referência de moda popular e muito duradoura.

Em 1967, a revista *Time* observou: "O que Julie Christie veste tem maior impacto na moda do que todas as roupas das dez mulheres mais bem-vestidas juntas". A essa altura, Christie era uma superestrela que exigia US$ 400 mil por filme.

Phyllis Dalton ganhou um Oscar pelo figurino de *Dr. Jivago*, mas se lembra das exigências do diretor David Lean, preocupado com todos os detalhes: "Ele fez todos os atores usarem roupas de baixo de época sob os figurinos, para dar maior autenticidade, mesmo que elas nunca ficassem visíveis em nenhuma cena do filme".

NICO

A *femme fatale* da contracultura

1965

Nico (1938-1988) ficou mais conhecida como um dos integrantes da formação original do Velvet Underground e foi peça-chave na mística criada em torno deles por Andy Warhol. Mesmo antes dos dias de glória em Nova York, Nico já desfrutava um sucesso considerável como modelo e atriz. Vivendo em Paris no início dos anos 1960, ela estampou as páginas de uma série de revistas de moda famosas. Enquanto trabalhava como modelo, também conseguiu um papel em *La dolce vita*, cantou em uma trilha sonora composta por Serge Gainsbourg e teve um filho com Alain Delon.

Nico nasceu em Colônia, e seu pai foi morto em combate durante a Segunda Guerra Mundial. Foi descoberta por um fotógrafo em Berlim, tornou-se modelo em Paris, e, em 1965, Brian Jones, o guitarrista dos Rolling Stones, apresentou-a a Andy Warhol em Londres, a quem procurou quando foi para Nova York em 1966, como modelo contratada pela agência de Eileen Ford.

Warhol lembrou-se do encontro: "Ela estava sentada em uma mesa com uma jarra de sangria à frente, mergulhando seus longos e lindos dedos no líquido, pescando fatias de laranja embebidas no vinho. Quando ela nos viu, inclinou a cabeça para o lado, levou o cabelo para trás com a outra mão e disse lentamente 'Eu só gosto da coooomida que flutuuuua no viiinho'".

Com sua franja beirando os olhos e cabelo loiro-claro, Nico criou um visual próprio e distinto com a alfaiataria masculinizada de corte ajustado. Quando Warhol começou a gerenciar o Velvet Underground, propôs que Nico assumisse como vocalista. Ela fez os vocais de três canções ("Femme fatale", "All tomorrow's parties" e "I'll be your mirror") do disco de estreia da banda, *The Velvet Underground and Nico* (1967), um dos álbuns de rock mais lendários de todos os tempos.

Nico (de branco) ajudou a consagrar o terninho masculino como uma peça de roupa chique e descomplicada. Chloë Sevigny, ícone de estilo entre os ícones de estilo, admitiu ter fotos dela nas paredes. E ela é citada como inspiração por bandas e artistas, de Bauhaus e Marc Almond a Siouxsie Sioux e Björk.

O *LOOK* ROMÂNTICO

1965

A moda se reconecta com seu lado mais suave

"Na moda, a revolução acabou. Reina agora uma nova tranquilidade." Assim disse a *Vogue* em 1967, inaugurando a era do romance exótico.

Houve uma mudança significativa na direção da moda, do futurismo à nostalgia, do minimalismo ao barroco, do high-tech ao artesanal. Em reação à uniformidade dos cortes geométricos e da moda "funcional", rígida, com ternos de tweed duros e plástico, as mulheres tiveram vontade de se vestir com elegância e de se sentir belas. Para a noite, o impacto veio sob a forma de cores brilhantes, estampas luxuosas, bordados ricos e botas de cano alto, concebidos como elementos do vestuário de acampamentos ciganos da Ucrânia.

O movimento tinha três vertentes. A mais jovial era a *flower power* (imagine Pattie Boyd usando camurça com franjas de nativo americano, faixa no cabelo e camadas de crepe e brocado de cores contrastantes). Era uma mescla criativa de roupas de época, com borlas, franjas, laços e guizos. Em seguida, vinha a versão de Mayfair: uma leitura cosmopolita e pitoresca dos trajes de povos considerados "exóticos" que valorizava vestidos ciganos, calças indianas, casacos afegãos adornados com pele de carneiro e bordados dourados. Em Londres, lojas "indianas" e "do Oriente Médio" surgiram por toda parte.

A terceira tribo era a turma dos cachos e babados inspirada no filme *Viva Maria!* (1965), estrelado por Brigitte Bardot e Jeanne Moreau. Esses preferiam para o dia calças de veludo na altura do joelho e ternos masculinos com camisas de babados; para a noite, vestidos longos e recatados de tecidos frágeis, corpetes justos com rufos e mangas de camponesa, peitilhos de avental e barras de renda. O cabelo era anelado ou em cachos na altura dos ombros,amarrado com feixes de fitas. Ou então deixado solto em ondas à pré-rafaelita dignas de uma Ofélia, com olhos pintados de verde-glacial ou azul flor do campo. A King's Road em Londres parecia um balé russo, e vestidos de contas dos anos 1920 tornaram-se peças valiosíssimas.

Como concluiu a *Vogue* em 1969, "a revolução pop queima tão rápido como se, em um estalo, os vestidos fossem de papel".

Os cachos e plissados da brincadeira retrô que foi *Viva Maria!* viraram um hit graças a Bardot e Moreau. Só mesmo na década de 1960 um filme poderia fazer sucesso sendo meio *western* épico, meio comédia sexy, meio palhaçada, meio tratado marxista. Moreau e Bardot brilham como inventoras do striptease e líderes de uma revolução na América Central.

BLOW-UP

Um instantâneo da Swinging London

1966

O primeiro filme em inglês do diretor Michelangelo Antonioni foi uma sensação. Trata do envolvimento acidental de um fotógrafo de moda em um assassinato e capta a atmosfera da Swinging London – desde festinhas descoladas, povoadas de tipos fumando baseado, até grupos de compenetrados estudantes de mímica soltos pelas ruas. Tão importante quanto o superfotógrafo Thomas e suas meninas incríveis é o mundo estiloso em que eles vivem: com carros velozes, revistas chamativas e rock'n'roll.

O filme traz David Hemmings (no papel de Thomas), Vanessa Redgrave e Sarah Miles. Jane Birkin ficou conhecida por interpretar "a loira". Uma das modelos mais famosas da época, Veruschka, faz uma participação especial em uma cena no estúdio do fotógrafo que a revista *Premiere* chamou de "o momento cinematográfico mais sexy da história". A cena em que o corpo de Veruschka se contorce sob os closes da câmera e as incitações esbaforidas de Hemmings foi imitada e satirizada inúmeras vezes desde então.

Enredo à parte, *Blow-Up* marca o momento histórico em que a parceria entre fotógrafo e modelo conquistou a condição de culto popular. A indústria da moda lançava estrelas para que elas se equiparassem aos ídolos da tela. Teoricamente, o fotógrafo Thomas teria sido inspirado em David Bailey, mas há nele uma pitada de Terence Donovan, assim como um toque de John Cowan (cujo estúdio foi locação de parte do filme).

Outra participação especial e notável foi a dos Yardbirds, que tocaram "Stroll on". Jeff Beck, tocando com Jimmy Page, quebra sua guitarra sobre um amplificador, em uma menção ao The Who, que recusou o convite para aparecer no filme.

Antonioni dirige um olhar estrangeiro a uma Londres que estava apenas começando a se modernizar e registra o momento. Mas o filme, concebido como uma crítica a certo tipo de sofisticação, acabou celebrando a moda e a música do mesmo contexto que pretendia atacar.

NOVA

Redefinindo as mulheres na imprensa

1966

Na final da década de 1960, a revista feminina *Nova*, extremamente inovadora, tornou-se a "bíblia do estilo" na Grã--Bretanha. Lançada em 1965, ela chegou no momento perfeito para mapear e documentar a evolução e as consequências do *youthquake*. Havia tantos assuntos a tratar! Mary Quant tinha revolucionado o guarda-roupa. O rock'n'roll era uma das exportações mais bem-sucedidas do país. A emissora de rádio pirata Radio Caroline inquietava a mídia de música convencional. Também mais e mais pessoas possuíam televisão, o que levava a política e a cultura do mundo para todos os lares.

A icônica *Sunday Times Magazine*, que empregava tanto fotógrafos talentosos conhecidos como iniciantes, começou a publicar artigos sobre moda, estilo de vida e decoração. *Nova* estabeleceu-se no nicho de mulheres inteligentes que queriam obter de uma revista algo mais do que apenas moda e culinária. Demoraria ainda mais seis anos até que a *Cosmopolitan* chegasse com suas matérias sobre sexo e celebridades sem barreiras e outros vinte até o surgimento da *Elle*.

Nova foi a primeira do gênero, com uma posição política radical, desavergonhadamente polêmica e destemida na busca de opiniões inteligentes. Suas pautas iam de sexo e pílula anticoncepcional a feminismo, homossexualidade e racismo. Havia artigos de 5 mil palavras de Christopher Booker, Susan Sontag, Irma Kurtz e fotos de Helmut Newton e Don McCullin. Suas editoras de moda, Molly Parkin e Caroline Baker, causaram um impacto enorme na cena *fashion* da época.

Após uma ascensão meteórica, *Nova* foi vítima da concorrência agressiva e encerrou atividades na Grã-Bretanha em 1975, depois de apenas dez anos nas bancas.

A revista *Nova* remodelou o conceito de revista feminina, assumindo riscos e ousando em suas matérias e fotos. Sintetizou a vanguarda e reformulou o campo das publicações femininas para sempre.

EMILIO PUCCI

1966

O encanto irresistível da cor

O psicodelismo dos anos 1960 encontrou sua versão alta-moda nas estampas radiantes de Emilio Pucci (1914-1992). Seus vestidos de seda graciosos com estampas inventivas e vibrantes tornaram-se item básico do guarda-roupa das mulheres chiques do *jet set*. A justaposição ousada de cores como amarelo-ácido, verde-limão, turquesa e rosa-fúcsia tornou-se a assinatura de seu design, reconhecido em todo o mundo até hoje.

Aristocrata florentino arrojado, Pucci estreou na moda por acaso. Em 1947, um traje de esqui que ele projetou para um amigo foi flagrado nas pistas de Zermatt, na Suíça, ganhando depois destaque nas páginas da *Harper's Bazaar*. Assim começou sua carreira de estilista de roupas esportivas e de praia. Suas conexões sociais propiciaram-lhe acesso garantido ao *beau monde*, e logo todo mundo, de Sophia Loren a Jackie Kennedy, estava usando suas criações iridescentes. Marilyn Monroe até foi enterrada com um de seus vestidos. As marcas registradas de Pucci são o colorido e a praticidade: calças que valorizam o corpo, túnicas leves e blusas soltas.

Em 1965, uma agência de publicidade de Nova York foi contratada pela Braniff International Airways para atualizar sua imagem, e Pucci ficou encarregado de desenhar as novas roupas das aeromoças. A chamada do anúncio dizia: "O fim do avião sem graça"*. Os uniformes capturaram a imaginação do público de tal forma que a boneca Barbie tinha as quatro versões em seu guarda-roupa. Entre as inovações mais incomuns, estava o "capacete bolha", um capuz de plástico transparente usado pelas comissárias de bordo entre o terminal e a aeronave, para proteger o penteado da chuva e da ventania causada pelos motores.

Imagine a alegria da viajante do *jet set*: descobrir que não só podia acomodar dezenas de roupas Pucci em uma única mala, como também tirá-las dali, depois, sem que parecessem amassadas. Na lasciva década de 1960, essa praticidade contribuiu muito para o sucesso meteórico de Emilio Pucci.

* No original, há um trocadilho entre as palavras *plane* e *plain*, respectivamente "avião" e "sem graça, banal, comum".

RICHARD AVEDON

1966

O homem que transformou a fotografia de moda em arte

Quando o diretor Stanley Donen saiu à procura de inspiração para o fotógrafo de moda elegante interpretado por Fred Astaire em *Cinderela em Paris*, não precisou procurar mais ninguém depois de conhecer Richard Avedon, o "garoto-propaganda" da profissão em uma década em que fotógrafos eram tão famosos quanto estrelas do rock.

Avedon, que não terminou o ensino médio, aprendeu os rudimentos da fotografia na Marinha Mercante na década de 1940. Em 1945, teve sua primeira chance na *Harper's Bazaar*: "Eu me senti sufocado. A sra. Vreeland ficava me chamando de Aberdeen e me perguntando se um vestido de noiva não me dava vontade de chorar. Eles são todos sérios e trabalhadores. Apenas tem uma linguagem diferente. Então levei as modelos para a praia e fotografei-as com os pés descalços, correndo, brincando de pula-sela". O experimento foi um sucesso, e ele se tornou fotógrafo da equipe da *Harper's Bazaar*. Trabalhando ao lado de Alexey Brodovitch e Diana Vreeland, desenvolveu um estilo com uma narrativa rica de energia e movimento.

Sessões de fotos ao ar livre e propostas inovadoras eram de importância vital para a *Harper's Bazaar*, e Avedon foi uma das estrelas da revista. Seu estilo se reflete no trabalho de fotógrafos contemporâneos, como Steven Meisel e David Sims, e de qualquer outro que dirija uma modelo com jeito de andar firme, saltando em um fundo infinito, ou tentando registrá-la em um momento absorto em que ela não se sente observada. Twiggy (ver p. 80), cuja carreira foi relativamente curta, é o rosto dos anos 1960, em grande parte por causa de fotos que Avedon fez dela.

Enquanto registrava as coleções parisienses para a *Bazaar*, Avedon optou por muitas locações externas. Ele inventou cenas e histórias para modelos como Dovima e Dorian Leigh, ou para sua primeira mulher, Doe Avedon. A estética minimalista e o poder atlético de Avedon ajudaram a criar algumas das imagens de moda mais memoráveis da década. Como a amiga e colega fotógrafa de moda Lillian Bassman disse uma vez: "Você conheceu o Dick [apelido de Richard]? Ele foi grande parte da energia dos anos 1960".

Em 1965, Avedon deixou a *Bazaar* e seguiu sua aliada Diana Vreeland na *Vogue*. A colaboração entre os dois se estenderia por quarenta anos.

O estilo fotográfico de Avedon foi imitado sem restrições por fotógrafos de todas as décadas. Gerações de modelos saltaram em fundos brancos, assumiram uma atitude atlética em um cenário vazio ou simplesmente sentaram-se em um café com o olhar perdido em pensamentos – tudo por causa de Richard Avedon.

O BAILE PRETO E BRANCO DE TRUMAN CAPOTE

1966

A noite em que o escritor fez 500 amigos e 15 mil inimigos

Quando o escritor Truman Capote ofereceu um baile luxuoso para comemorar o sucesso fenomenal de sua "novela de não ficção" *A sangue frio*, ele engendrou uma maneira de torná-lo a festa mais falada da década. Capote convidaria seus amigos, entre os quais estavam as pessoas mais famosas do mundo. Pediria a todos que se vestissem de preto ou branco. E os convidados teriam de esconder o rosto fabuloso e muito fotografado sob máscaras.

"Eles saíram da linha de montagem como bonecas", escreveu Enid Nemy no *New York Times,* "recém-pintados e penteados, embalados em seda, cetim e joias e endereçados a Truman Capote, Plaza Hotel". A CBS dedicou um programa especial para transmitir a chegada dos convidados. Em casa, os telespectadores estavam extasiados. "É assim que vive a outra metade", brincou o apresentador antes de continuar com malícia: "Nós sabemos que você não é rico, conhecido ou bonito o suficiente para ser convidado, senão não estaria aí vendo as notícias". E acrescentou: "Os 'Henrys' estão aqui, o Ford e o Fonda... mas os 'Edwards' não...", ou seja, o duque de Windsor e Kennedy, que tinham respondido *non* ao RSVP.

Frank Sinatra foi com Mia Farrow, que incitou rumores de gravidez – ao usar um vestido linha império – e murmúrios de curiosidade – ao exibir o novo corte *pixie* que havia escolhido para seu papel em *O bebê de Rosemary*. Tallulah Bankhead, Babe Paley e Gloria Guinness eram algumas das belas do baile. Lauren Bacall dançou com o coreógrafo Jerome Robbins "de um jeito", observou Truman Capote, "que Fred Astaire e Ginger Rogers teriam invejado". A irmã de Jackie Kennedy, Lee Radziwill, teve de interromper a dança e sentar depois que as contas de seu vestido se soltaram, se espalhando pela pista.

As mulheres usavam vários apliques modelados, domados e torcidos pelas mãos de Kenneth Battelle, conhecido como o "Mr. Cool da Haute Coiffure"*. Leo Lerman disse a Henry Grossman, fotógrafo da revista *Life*, que "nunca tinha visto tantas mulheres lindas em um só lugar, de uma só vez".

Bonequinha de luxo deu a Truman Capote um patamar de estrela que poucos escritores alcançaram. *A sangue frio* – seu relato lacônico de um assassinato quádruplo famoso – gerou uma série de elogios e polêmicas que ele arrastaria pelos anos seguintes. Mas alguns dizem que o Baile Preto e Branco foi mesmo uma de suas maiores obras.

* Algo como o cabeleireiro "Todo-poderoso".

RIVE GAUCHE

1966

YSL dá poder às mulheres

Em 1962, Yves Saint Laurent (1936-2008) deixou a Dior, e, em 29 de janeiro daquele mesmo ano, a coleção de alta-costura da Yves Saint Laurent Couture já fazia sua estreia. A revista *Life* chamou-a de "a melhor coleção de tailleurs desde Chanel".

A reputação de Saint Laurent tinha se construído com sua suprema alfaiataria. Primeiro a feminilizar o smoking masculino, com Le Smoking em 1966, YSL antecipou o *power dressing** em uma década. A jaqueta Saint Laurent tornou-se símbolo de sucesso para mulheres focadas na carreira em todo o mundo. Como o estilista também sabia que a alta-moda precisava da energia da cultura jovem e popular para injetar novo ânimo em sua mofada atmosfera, visitava Londres com frequência nos anos 1960, para buscar inspiração nas lojas da King's Road.

Em meados da década de 1960, apesar da mudança de paradigma londrina, Paris ainda colocava a alta-costura no pedestal. Em 1966, Yves Saint Laurent e seu sócio, o empresário Pierre Bergé, foram os primeiros do sistema da moda francesa a se afastar dos ateliês de alta-costura, cada vez mais vazios, em direção ao *prêt-à-porter*, mais acessível. Desde os primeiros anos de sua parceria de negócios, Pierre Bergé foi astuto o bastante para perceber que, apesar de a alta-costura render elogios, eram os acessórios glamorosos – perfumes, bolsas e cosméticos – da YSL que iriam torná-la uma potência internacional. Foi Bergé quem pediu a Saint Laurent que fizesse o *prêt-à-porter*, e em 1967 a *maison* abriu sua loja – Rive Gauche (margem esquerda do rio Sena) – em uma antiga padaria no número 21 da rue de Tournon.

Pioneiro em sua época, Saint Laurent não foi só o primeiro a popularizar a moda *prêt-à-porter*; ele também quebrou o tabu social de calças para mulheres e foi o primeiro estilista a ter modelos negras em seus desfiles. Pierre Bergé, que se manteve amigo e sócio de Yves Saint Laurent até a morte do estilista, disse que, se Chanel trouxe liberdade às mulheres, Yves Saint Laurent deu-lhes poder.

Apenas cinco anos depois de fundar sua *maison* de alta-costura, Saint Laurent explicou seu projeto de *prêt-à-porter* de modo simples: "Quero romper com a ideia de que a alta-costura é a única imagem de moda. Moda é o que pode ser vestido. Esse é um território para todos, e não para um círculo fechado".

* Estilo de vestuário desenvolvido nos anos 1980 ligado à conquista de espaço e poder pelas mulheres no meio corporativo.

SAINT LAURENT
rive gauche
rive gauche

ANITA PALLENBERG

"Glamour diabólico"

c. 1967

Nascida em 1944, Anita Pallenberg cresceu em Roma, indo depois para um colégio interno alemão. Keith Richards (ao lado) tem uma frase famosa sobre como ficou impressionado quando a conheceu: "Ela sabia de tudo e podia dizê-lo em cinco idiomas diferentes. Ela me deixou com a cara no chão".

Expulsa da escola com 16 anos, Anita Pallenberg graduou-se nos altos escalões do estilo. Seus primeiros passos em Roma foram com a turma da *dolce vita*, depois, em Nova York, juntou-se ao grupo de Andy Warhol, antes de se mudar para Paris e começar a trabalhar como modelo. Em 1965, conheceu os Rolling Stones em um show em Munique.

Brian Jones foi o primeiro a ceder ao que Marianne Faithfull chamou de "glamour diabólico" de Pallenberg. Mas a paixão pelo estilo mod e pelos mistérios do oculto não foi suficiente para sustentar uma relação tempestuosa e muitas vezes violenta. Em 1967, ela fugiu com Keith Richards enquanto a banda estava em férias no Marrocos.

Pallenberg ganhava a vida como atriz. Entre seus trabalhos estão *Barbarella* (Keith ofereceu-lhe £ 20 mil para ela não participar do filme, mas ela o fez assim mesmo) e *Performance* (durante as filmagens do qual teve um suposto *affair* com seu coprotagonista, Mick Jagger, e seu primeiro contato com heroína). "Anita é uma rolling stone", disse Jo Bergman, assistente da banda por certo tempo. "Sua influência foi profunda. Ela bagunçava tudo."

Pallenberg e Richards tiveram dois filhos antes de os advogados da banda pedirem a separação do casal. O que se seguiu foram décadas de dependência química e má reputação. Certa vez, ela passou um mês no Grosvenor House Hotel, em Londres, sem sair do quarto, e disse não se lembrar de nada a respeito de um garoto de 17 anos ter atirado em si mesmo no quarto dela.

Ela continua uma figura glamorosa, um ícone de olhos pintados com kajal cujo estilo influenciou nomes como Kate Moss e Sienna Miller.

Sempre que uma garota vestir um casaco de pele felpudo, calça de veludo, minivestido floral, túnica esvoaçante e short e finalizar com um chapéu de abas largas e aquele jeito de "eu estou com a banda", deveria se lembrar de que tudo isso é graças a Anita Pallenberg, a mãe de todas as garotas do rock.

CATHERINE DENEUVE EM *A BELA DA TARDE*

1967

Erotismo casto e elegância francesa

Em 1968, o crítico Frances Wyndham apelidou Catherine Deneuve (1943-) de "uma combinação de virginal e vicioso". Foi sua interpretação de uma dona de casa ao mesmo tempo indiferente e sexualmente aventureira no filme de 1967 de Luis Buñuel, *A bela da tarde*, que a firmou como uma das atrizes mais interessantes de sua geração e fez de Yves Saint Laurent um dos estilistas mais influentes. O filme marcou o início de uma importante parceria na moda, pois foi nele que a atriz e o estilista se conheceram. Até hoje, os figurinos de YSL são referência constante na moda e na cultura pop.

Deneuve interpreta Séverine, esposa de um médico que leva uma vida dupla. Prostituta durante o dia que transforma suas fantasias sexuais em realidade, à noite ela se torna uma dona de casa de vida pacata e formal junto ao marido. O guarda-roupa de Saint Laurent diz muito sobre a personagem. Com casacos e vestidos sob medida, ela é a parisiense perfeita. No bordel, com lingerie e seda, torna-se uma sedutora confiante.

Saint Laurent manteve uma amizade de décadas com Deneuve e foi ao lado de sua musa que ele fez o agradecimento em seu último desfile. Dizem que o relacionamento deles nunca foi muito além do formal, mas juntos sua influência na moda representa uma força duradoura.

"Saint Laurent faz roupas para mulheres de vida dupla", disse Deneuve uma vez. "Suas peças para o dia ajudam a mulher a entrar num mundo hostil. Elas lhe permitem ir aonde ela bem quiser, sem despertar uma atenção indesejada, graças a seu estilo ligeiramente masculino. No entanto, para a noite, quando ela pode escolher sua companhia, ele a torna sedutora."

Fazendo referência ao poder da elegância discreta da atriz, Saint Laurent repudiou as peças mais exageradas da época: "Dói-me fisicamente ver uma mulher vitimizada, tornada patética pela moda".

O diretor Luis Buñuel se importava menos com a nudez de Deneuve do que com as roupas que a cobriam em seu filme fetichista *A bela da tarde*. É o exterior feminino impecável e polido que ocupa o centro do palco, e o guarda-roupa YSL dá uma sustentação muito importante a tudo isso.

FAYE DUNAWAY EM *BONNIE E CLYDE*

1967

A morte do míni

"Eles são jovens, eles estão apaixonados. E eles matam pessoas."

Originalmente concebido como um filme austero em preto e branco sobre os famigerados bandidos do Texas e com visual baseado nas fotos de Walker Evans da Grande Depressão, *Bonnie e Clyde* virou um sucesso de bilheteria em 1967 e lançou tendências na década. O resultado foi algo totalmente diferente: menos neorrealista e mais uma história de amor charmosa. No filme, a dupla de assassinos é apresentada como um casal atraente e transgressor. O retrato ecoou no público jovem dos anos 1960, que se identificou muito com os amantes fugitivos.

Os figurinos de Theadora van Runkle tiveram um impacto enorme no universo da moda internacional, embora ela tenha precisado lutar muito para que suas ideias fossem aceitas. Faye Dunaway (1941-), a princípio, quis que sua personagem Bonnie Parker usasse calças, pois se deu conta de que ela iria precisar de conforto para entrar e saltar de carros em fuga. Theadora, no entanto, optou por um guarda-roupa mais glamoroso, com saias longas, boina e jaqueta curta. E o "visual Bonnie e Clyde" virou uma febre.

As roupas de Bonnie eram fluidas e pareciam fáceis de ser embaladas bem rápido caso sua dona precisasse fugir. Eram femininas, mas tinham um toque masculinizado. Van Runkle lembra que Dunaway precisou ser convencida. "Faye pensou que eu não estava nem aí para a aparência dela", disse a figurinista a um crítico de moda. "Pensou que eu estivesse tentando enfeiá-la."

Não é exagero dizer que o guarda-roupa de Dunaway como Bonnie Parker provocou a morte do comprimento míni e valorizou o mídi.

O filme catalisou o renascimento da elegância feminina nos EUA: boinas e cortes chanel eram a escolha para enfeitar a cabeça, enquanto a saia-lápis foi redescoberta pelas jovens de míni, criando uma nova leva de *femme fatales*.

GRANNY TAKES A TRIP

1967

A nova cara do varejo de moda

A loja Granny Takes a Trip transformou a maneira como a moda e as roupas eram comercializadas. Um "projeto artístico psicodélico" que se tornou meca hippie, ela vendia uma moda renegada que era a expressão exata de seu nome [a tradução literal do nome da loja é "vovó viaja", fazendo alusão ao hábito corrente de tomar ácido].

Na longa história do varejo, a pequena e fugaz loja Granny Takes a Trip durou apenas quatro anos. Mas esse pequeno tesouro, aberto em 1965 no número 488 da King's Road, mudou tudo. Seus proprietários eram o jornalista Nigel Waymouth e sua namorada, Sheila Cohen, que pretendiam vender a coleção de roupas vintage dela. A chegada do alfaiate John Pearse, direto da famosa Savile Row, levou o projeto a uma nova direção, inusitada, teatral, psicodélica e com energia criativa suficiente para transformar Londres na meca das compras.

A principal atração comercial da época em Londres era a Carnaby Street, onde uma espécie precoce de *fast fashion* havia surgido e cuja pioneira, Mary Quant, reinava nesse cenário. A loja Granny Takes a Trip lançou a King's Road como destino alternativo. E havia achados incríveis no brechó, como os uniformes da Savile Row*, ricamente confeccionados e que depois de 1939 se tornaram inúteis, quando os homens não foram mais obrigados a usar roupa formal nos tribunais. Tudo o que fosse trançado, sob medida, borlado e bom de exibir por aí estava virando um padrão para qualquer roqueiro de respeito. A eclética coleção vintage de roupas vitorianas e eduardianas originais, comercializada ao lado da alfaiataria de Pearse na Savile Row, lançou um estilo boêmio chique que continua sendo uma marca do visual londrino.

Nas vitrines surreais que sempre mudavam, a Granny Takes a Trip transmitia seu conceito de glamour exótico. Era como uma brincadeira para adultos, em que a fantasia psicodélica e o romantismo *fin-de-siècle* se encontravam. Entre seus primeiros clientes, estavam os Beatles e os Rolling Stones, que usaram roupas da loja nas capas dos álbuns *Revolver* e *Between the Buttons*. Jimi Hendrix, Ossie Clark, Anita Pallenberg, Brigitte Bardot e Andy Warhol também andavam por lá.

Em apenas três meses, a loja foi destaque na revista *Time*, que comemorava a Swinging London, e semanas depois a equipe deu início à sua primeira reformulação. Saiu a *Art Nouveau*, e entraram duas imagens gigantescas de chefes nativos americanos, Low Dog e Kicking Bear, transformados em retratos psicodélicos.

A Granny deu o pontapé no *boom* de butiques, influenciando dezenas de estabelecimentos que a sucederam. A equipe original seguiu por caminhos separados em 1969.

* Rua em Mayfair famosa pela qualidade dos alfaiates.

488
GRANNY
TAKES
A
TRIP

JACKIE KENNEDY

Primeira-dama da moda

1967

Jacqueline Kennedy (1929-1994) tinha 31 anos quando se tornou primeira-dama, papel que nos 64 anos anteriores fora ocupado por mulheres com idade suficiente para serem mães dela. Após gerações de primeiras-damas matronas, Jackie Kennedy deu ao povo americano algo que ele nunca havia imaginado precisar – glamour. Kennedy irradiava qualidades invejáveis – confiança, independência e inteligência. Bem-criada e instruída, era a personificação da elegância. Jackie estabeleceu um novo exemplo de como as jovens americanas deveriam ser.

O francês naturalizado americano Oleg Cassini foi seu primeiro estilista oficial, uma escolha que surpreendeu os especialistas, certos de que Jackie escolheria o estilista mais famoso dos Estados Unidos, Norman Norell. Uma jogada inteligente daquela mulher de então 33 anos, viciada em moda francesa, mas obrigada a mostrar ao eleitorado que ela comprava de um norte-americano.

Desde o início, o *Women's Wear Daily* – a bíblia da moda nos Estados Unidos – insinuou que Jackie "contrabandeava" roupas francesas de alta-costura para dentro da Casa Branca. E, quando o presidente e a sra. Kennedy foram à França, outra convidada da recepção no Eliseu descobriu que havia encomendado um vestido da coleção primavera de Pierre Cardin idêntico ao Cassini usado pela primeira-dama – "Tão idêntico que a alta-costura parisiense não acreditou em seus próprios olhos". Para a indústria, o fator Cassini de repente fez sentido. Jackie não teria conseguido persuadir Norman Norell tão facilmente a imitar seus colegas franceses. Quando ela fez sua entrada deslumbrante no palácio de Versalhes com um vestido Givenchy, toda a controvérsia foi posta de lado, e o *WWD* apelidou-a de "Sua Elegância".

Jackie era uma arma poderosa no arsenal diplomático de Washington. Nesta foto, ela visita o Camboja, que havia rompido relações com os EUA por desaprovar a campanha de Johnson no Vietnã. No entanto, o tapete vermelho foi estendido para a primeira--dama e sua comitiva. E o príncipe Sihanouk classificou-a como "a melhor embaixatriz que os EUA poderiam mandar".

LE SMOKING

O novo pretinho básico

1967

Quando Yves Saint Laurent apresentou Le Smoking pela primeira vez, como parte de sua coleção Pop Art, havia duas versões dele: paletó e calça de *grain de poudre*, com quatro bolsos fechados por botão, e a outra de cetim com corte reto e cintura alta, acompanhado de blusa de organdi branca. Ambos ofereciam uma alternativa inicialmente controversa ao clássico vestidinho preto básico ou ao vestido de noite.

À primeira vista, editores e consumidoras não entenderam. A jornalista do *New York Times* Gloria Emerson criticou bastante a coleção. Segundo Emerson, era "volumosa" e "ultrapassada", argumentando que Saint Laurent "se esforça demais para convencer o mundo de que ele é unha e carne com os mais jovens". No entanto, Le Smoking foi imediatamente aprovado por ícones de estilo, como Catherine Deneuve, Betty Catroux, Françoise Hardy, Liza Minnelli, Loulou de La Falaise, Lauren Bacall e Bianca Jagger.

Muitos viam Yves Saint Laurent como alguém que empoderava as mulheres, por dar-lhes a opção de usar roupas tradicionalmente reservadas a homens influentes. Ao longo dos trinta anos seguintes, ele reinventou o traço pelo qual se tornou conhecido com centenas de novas formas diferentes, reeditando-o em vestido, shorts e macacão para serem usados de dia ou à noite.

Quando se olha para trás, é difícil acreditar que nos anos 1960 a sociedade desaprovasse uma mulher que vestisse calça fora de casa. Mesmo na década de 1970, poucos "bons" restaurantes admitiam a entrada de mulheres de calça. O La Côte Basque, em Nova York, ficou famoso por impedir a entrada da devota de YSL, Nan Kempner, com um Le Smoking. Em resposta, ela tirou a calça e caminhou decidida para dentro do restaurante vestindo apenas o paletó, reaproveitado como um vestido ultracurto.

"Para uma mulher, Le Smoking é uma peça indispensável, com a qual ela está sempre na moda, porque se trata de estilo, e não de moda", disse Saint Laurent. "Modas vêm e vão, mas estilo é para sempre."

A coleção de inverno de 1966 não foi universalmente bem recebida, prova, talvez, de que os críticos nem sempre estão certos. Com o lançamento de Le Smoking, Saint Laurent encontrou sua musa definitiva: a mulher independente. O smoking faria parte das coleções de YSL nos trinta anos seguintes e revolucionaria o guarda-roupa feminino.

MARIMEKKO

O florescimento da moda finlandesa

1967

"É preciso sonhar. E é preciso destacar-se dos demais." Essa é a famosa declaração da designer têxtil finlandesa Armi Ratia (1912-1979), cofundadora da Marimekko, no início de sua carreira. O mundo estava mergulhado no mal-estar do pós-guerra, e as estampas lúdicas de Ratia deram novo impulso à indústria da moda.

A responsável por isso foi a fracassada parceria de seu marido com uma indústria de tecidos impermeáveis. As instalações foram então convertidas em fábrica de roupas, e Armi pediu a alguns amigos artistas que aplicassem suas habilidades gráficas aos tecidos. A fim de mostrar como eles poderiam ser utilizados, a empresa criou uma linha de vestidos simples.

No primeiro desfile da Marimekko, realizado em um hotel de Helsinque, as mulheres, segundo o que se divulgou na época, enlouqueceram com as estampas gráficas dos tubinhos, e todos se esgotaram, tamanho o sucesso. Dois designers pioneiros determinaram o tom da Marimekko: Vuokko Nurmesniemi (1930-), na década de 1950, e Maija Isola (1927-2001), na década de 1960. A estampa com desenho de papoula criada por Isola em 1964 ainda é um best-seller.

Dois acontecimentos cruciais empurraram a empresa para uma ascensão meteórica nos anos 1960. Em 1957, Giorgio Armani, então vitrinista da loja de departamentos italiana Rinascente, convidou Ratia para exibir seus despojados vestidos de algodão por lá. E em 1959, Jackie Kennedy comprou sete vestidos da Marimekko, então pouco conhecida, e foi fotografada para a capa da revista *Sports Illustrated* usando uma versão vermelha, larguinha e sem mangas.

O efeito nas vendas foi instantâneo. Mais casual do que o que Paris tinha a oferecer, o estilo da Marimekko harmonizou-se com as novas atitudes e códigos de vestimenta cada vez mais descontraídos. Durante os anos 1960, a empresa se expandiu mundialmente, tornando-se muito conhecida pelas roupas casuais, muitas vezes unissex, voltadas para uma clientela jovem. Logo foram lançados acessórios e produtos para casa.

A Marimekko finlandesa não só provocou uma revolução na estamparia, mas também foi a pioneira de uma nova definição de moda, conectada com todo um estilo de vida.

Idealismo e otimismo eram as forças motrizes por trás das estampas exuberantes da Marimekko (aqui, o padrão Keidas, de Annika Rimala). Os tecidos coloridos coadunaram com o otimismo da década e dispararam para o status de alta-moda quando Jackie Kennedy usou um vestido da Marimekko durante a campanha presidencial do marido.

MARY QUANT

O impulso da moda democrática

1967

Até os anos 1960, a indústria da moda era uma instituição tacanha. Havia poucos caminhos para os estilistas jovens. Eles poderiam abrir uma loja, fazer parte de uma *maison* de alta-costura (na esperança de uma promoção) ou entrar para o atacado. Mary Quant (1934-) foi uma das estilistas da nova geração com maior tino para os negócios. Apoiada pelo marido, Alexandre Plunket Greene, ela se rebelou contra os bastiões tradicionais. "Queríamos disponibilizar a diversão para todo mundo. Achávamos as peças caras quase imorais, e o New Look nos era totalmente irrelevante."

Inaugurada em 1955 na King's Road, a loja Bazaar, de Quant, foi a primeira a oferecer roupas a preços acessíveis feitas especialmente para os jovens. Ela não tinha a intenção de confeccionar suas próprias peças, mas não conseguia encontrar o que queria nos atacadistas tradicionais. Malharias convencionais recusaram-se a aumentar um casaquinho em trinta centímetros para que ela o vendesse como vestido. Quant, então, frequentou aulas noturnas e comprou material na Harrod's para montar um estoque em sua quitinete no bairro de Chelsea.

A Bazaar virou uma sensação, e filas se formaram em torno do quarteirão. Sua visão democrática significava que meninas e mulheres jovens poderiam ter uma moda feita especialmente para elas, com versões simplificadas de peças para condessas e estrelas de cinema. Quando o vestido tubinho de corte reto foi exibido em Paris no final dos anos 1950, o mundo da moda viu-se obrigado a levar a Bazaar a sério, pois Mary Quant já estava vendendo esse modelo havia mais de um ano. Em meados dos anos 1960 – que foi, sem dúvida, a sua década –, o empreendimento de Quant valia mais de £ 1 milhão.

Em 1964, ela liderou a introdução do visual londrino nos Estados Unidos, chegando a milhares de jovens americanos por meio da loja de departamentos J C Penney bem antes de os Beatles desembarcarem por lá. Seus modelos com minivestidos e coxas à mostra pararam o trânsito na Broadway. Em todo o mundo, Mary Quant tornou-se sinônimo do estilo britânico contemporâneo.

Muita gente da indústria da moda detestava a atenção que Londres estava atraindo. Quando contaram a Chanel que Mary Quant [na foto, sentada no chão] a admirava mais do que a todos os outros, ela respondeu: "Vindo dela, é um elogio realmente bem pequeno". "A coisa mais incrível de ser jovem", disse Quant, "é que, sim, você está com medo, mas você parte do princípio de que pode fazê-lo. E eu fiz".

PENELOPE TREE

1967

A *it girl* dos anos 1960 que mudou o conceito de beleza

Por um período deslumbrante e inesquecível do final da década, os anos 1960 pertenceram a Penelope Tree (1950-). Modelo da *Vogue* e musa de David Bailey, ela seduziu o fotógrafo, afastou-o de Catherine Deneuve e tornou-se a *it girl* definitiva do final da década. A aparência excêntrica e o estilo não convencional geraram reações tempestuosas nas ruas de Nova York, por causa dos vestidos minúsculos e das saias com rabo de guaxinim.

Tree nasceu em uma família bem relacionada e rica que planejava que ela fosse para a univerdade estudar literatura inglesa. Isso mudou quando, aos 17 anos, a jovem foi descoberta pela lendária editora da *Vogue* americana, Diana Vreeland, no Baile Preto e Branco de Truman Capote. Ela vestia uma túnica fina com costuras abertas sobre meias pretas grossas.

Ao lado de Richard Avedon, Vreeland mudou a vida de Penelope Tree. Se Londres tinha "The Twig" ("o galho", isto é, Twiggy), Nova York tinha "The Tree" ("a árvore"). "Ela está perfeita. Não toque nela", disse Avedon a um editor que sugeria mudanças em seu visual. Tree apreciava as possibilidades que uma carreira na moda lhe oferecia para escapar de sua educação convencional. "As pessoas me achavam uma aberração. Eu meio que gostava disso." Quando pediram que John Lennon a descrevesse em poucas palavras, ele teria dito: "Linda, linda, linda, esperta, esperta, esperta!".

Seu relacionamento com Bailey e sua carreira na moda terminaram abruptamente, quando uma acne tardia deixou-a com cicatrizes. Ela disse recentemente a Louise France, do *Guardian*: "Eu passei de desejada a evitada, porque ninguém suportava falar sobre como eu tinha ficado".

De acordo com o fotógrafo David Bailey, "Penelope Tree é a modelo mais original que já existiu. Ela é a garota com o visual mais genuíno que já vi". Uma das sobreviventes elegantes da década de 1960, em 2006 ela deixou a aposentadoria para estrelar uma campanha publicitária da Burberry.

PSICODELISMO

1967

Desafiando limites e quebrando regras

O psicodelismo nasceu no auge da era hippie, no bairro de Haight--Ashbury, em São Francisco. Os representantes do estilo eram músicos de bandas de rock como Jimi Hendrix Experience, Pink Floyd e Jefferson Airplane, artistas do funk como Sly and the Family Stone e músicos folk como Bob Dylan e Joni Mitchell. O público se abastecia de drogas psicodélicas em shows de rock, e as roupas refletiam a onda das "viagens".

O uniforme era fácil de reconhecer: cabelo comprido, barba e bigode farto para os homens, e cabelo preso com lenço para as mulheres; cores berrantes e texturas chamativas; calça boca de sino, miçangas coloridas, camisetas tie-dye e batas. Havia uma obsessão por qualquer roupa de inspiração não ocidental: peças com um quê de indígena americano, africano, hindu ou latino--americano. Grande parte das roupas hippies era feita por quem as usava, em protesto contra a cultura ocidental consumista. Foram utilizadas texturas e formas curvilíneas da *Art Nouveau*, misturadas com imagens menos românticas de quadrinhos *cult*.

Muitos hippies brancos da contracultura dos anos 1960 identificaram-se com o movimento dos direitos civis americanos e tentavam adotar o *black power*, imitando os afro-americanos. Os ideais de paz e amor governavam um estilo de vida que abraçava a liberdade sexual, a vida comunitária, o uso recreativo de drogas e uma inclinação para o nudismo. Vegetarianismo, propensão a religiões orientais e fascínio pelo misticismo distinguiam ainda mais os "filhos do amor" da corrente da época.

A Kombi, utilitário mais barato da Volkswagen, tornou-se símbolo da contracultura, e muitas ganharam pinturas personalizadas extravagantes. Com frequência, o símbolo da paz substituía o logotipo VW.

Pode-se considerar que o movimento hippie psicodélico se manteve por um período na contracultura antes de ser totalmente absorvido pelo mercado de massa.

O verão de 1967, com paz, amor e *flower power*, conhecido como "O Verão do Amor", foi um dos momentos seminais de uma geração. Nenhum limite, seja em música, moda, política, arte ou literatura, deixou de ser rompido, muitas vezes com a ajuda de drogas para expandir a mente.

BILL GRAHAM PRESENTS IN SAN FRANCISCO
THE
TUES. WED. THURS. ONLY
YARDBIRDS
FRI. SAT. SUN. ONLY
THE
DOORS
PLUS ALL WEEK
JAMES COTTON BLUES BAND
RICHIE HAVENS
JULY 25-30
FILLMORE
B McLean © Bill Graham 1967 #75
TICKETS
SAN FRANCISCO: City Lights Bookstore; S.F. State College (Hut T-1); The Town Squire (1318 Polk); Kelley Galleries (3673 Sacramento); Wild Colors (1418 Haight); Bally Lo (Union Square); BERKELEY: Discount Records, Shakespeare & Co.; SAN MATEO: Town & Country Records; REDWOOD CITY: Redwood House of Music; PALO ALTO: Dana Morgan Music; SAN RAFAEL: Record King; SAUSALITO: The Tides Bookstore

TWIGGY

A primeira supermodelo adolescente

1967

Como modelo adolescente, Twiggy pesava apenas 41 quilos. "Magra demais", diz ela hoje enfaticamente. "Eu tinha um certo estilo, vejo isso agora, mas não acho que fosse bonita. Eu era uma colegial magra que colocava enchimentos no sutiãzinho tamanho 34. Eu não fazia esforço para ser tão magra, era saudável, mas ainda assim aquele visual é uma impossibilidade total para mulheres com mais de 20 anos. A moda tem muita responsabilidade nisso, não?" Mas seu corpo correspondia à descrição da silhueta contemporânea perfeita, de acordo com Diana Vreeland: "Panturrilhas bem minúsculas; pernas bem retas; pés flexíveis, pequenos e estreitos; e belos pulsos e pescoço". Assim, Twiggy tornou-se um sucesso da noite para o dia.

Tal como em tantas histórias à la Cinderela, a de Twiggy começou por causa de um feliz imprevisto. No início de 1966, tinham lhe dito que, com 1,67 metro, ela era baixa demais para ser modelo. Seu único compromisso agendado era com Leonard – um cabeleireiro da turma descolada de Londres –, que queria cortar seu cabelo, então na altura dos ombros, em uma nova versão do corte *pixie* durante uma sessão de fotos para promover seu salão.

As fotografias de Barry Lategan foram vistas pela editora de moda do *Daily Express*, Dierdre McSharry, que pediu para conhecer a colegial e convidou-a para tomar um chá. Ela conseguiu mais fotos, e, como pensou Twiggy na época, ali seria o ponto final de e sua carreira. Poucas semanas depois, em 23 de fevereiro, já em sua casa em Neasden, seu pai a acordou com uma cópia do *Daily Express* na mão, na qual uma manchete anunciava "O rosto de 66: a garota londrina com um rosto e mil possibilidades... e ela tem apenas 16 anos!".

Seu primeiro ensaio para uma revista foi para a *Vogue*. Em seguida, sessões com fotógrafos famosos como Avedon, Cecil Beaton, Helmut Newton, Guy Bourdin e Norman Parkinson e compromissos em Nova York e Paris lotaram sua agenda. Em um ano, sua chegada aos aeroportos internacionais era saudada por fãs aos gritos.

Com 17 anos, Twiggy já era um dos rostos mais famosos do planeta. Sua carreira durou um piscar de olhos para os padrões modernos, de 1966 a 1970, mas ajudou a marcar uma década.

A ONDA INDIANA

Iluminação espiritual para estrelas do rock

1968

Cena típica dos anos 1960: no *ashram* (retiro monástico hindu) de Rishikesh, na Índia, em fevereiro de 1968, os Beatles, o cantor Donovan, Mia Farrow (havia pouco tempo divorciada de Frank Sinatra) e um ou dois dos integrantes dos Beach Boys reunidos às margens do Ganges, envoltos em flores amarelas, meditando aos pés do iogue Maharishi Mahesh. O fato teve uma repercussão tão frenética no mundo todo que ainda hoje é considerado um dos primeiros encontros significativos entre a cultura pop ocidental e o Oriente místico.

O ideal da vida comunitária tinha virado febre com a onda de idealismo de meados dos anos 1960. O estereótipo de comunidade compreendia um lugar repleto de devotos da ioga e do vegetarianismo trajando kaftans, sandálias franciscanas e anéis no dedo do pé, num estilo de vida com sexo livre e drogas. Os jovens, ao que parecia, buscavam escapar do que acreditavam ser uma sociedade irremediável com o objetivo de construir uma nova.

Os Beatles entraram nessa empreitada em busca de iluminação espiritual. Para eles, foi "um período de criatividade extraordinária", que inspirou algumas de suas melhores canções, entre elas "While my guitar gently weeps", "Revolution" e muitas outras músicas do *White Album* (1968). "Dear Prudence" foi escrita para a irmã de Mia Farrow, tão absorta em sua jornada espiritual que John e George tinham de ir buscá-la "para sair e se divertir"*.

Apesar disso, no fim o grupo da cena inicial ficou amargamente desiludido. Neil Aspinall, o gerente de turnês dos Beatles, disse sobre Maharishi: "Esse cara entende mais de negócios do que eu". Lennon escreveu a canção "Maharishi" (cuja letra dizia "O que você fez? Fez todo mundo de bobo") ao deixar o retiro. O título e a letra foram depois mudados de "Maharishi" para "Sexy Sadie".

A experiência dos Beatles no *ashram* deixou uma marca indelével na década – o que é irônico, considerando quão breve ela foi. Eles conheceram o guru no final do verão de 1967, e em abril de 1968 já estava tudo acabado. "Por quê?", perguntou o Maharishi. "Bem, se você é tão cósmico, então deve saber, não?", respondeu Lennon.

A foto dos devotos, envoltos em flores e aos pés do Maharishi, é um verdadeiro "Quem é quem" da cena musical dos anos 1960: Ringo Starr, Jane Asher, Paul McCartney, George Harrison, Pattie Boyd, Cynthia Lennon, John Lennon e Mike Love, dos Beach Boys. O que começou como algo muito bonito em 1967 terminou em desilusão em 1968.

* Na letra da canção "Dear Prudence": "won't you come out to play" [por que você não sai e vem brincar?].

OSSIE CLARK E CELIA BIRTWELL

1968

Feminilidade romântica

Ossie Clark (1942-1996) e Celia Birtwell (1941-) conheceram-se em 1959, quando eram estudantes em Manchester, e se casaram em 1969. Sua parceria criativa começou com a coleção de 1966 para uma loja chique do bairro de Chelsea, a Quorum.

A dona, Alice Pollock, encomendara uma coleção de vestidos a Ossie depois de conhecê-lo em uma festa. Ele entregou uma coleção de chiffon branco e bege que esgotou de imediato. Na sequência, Pollock sugeriu que ele mudasse um pouco, trabalhando com tecidos desenhados por Birtwell. O resultado foi uma coleção de vestidos que evocava o glamour descontraído do hippie-chique. As vendas foram um sucesso. E assim começou uma das parcerias mais famosas da moda. O trabalho conjunto prosseguiria por quase toda a carreira de Clark. A escritora Judith Watt comentou: "As pessoas diziam que Celia era a musa de Ossie, o que de fato ela era, mas o trabalho deles era absolutamente a quatro mãos. Eram os desenhos dela que ele usava para criar os dele".

Sobre Ossie, Celia Birtwell disse em uma entrevista recente ao *Daily Telegraph*: "Ele era um gênio, melhor que Yves Saint Laurent. Com seu corte – embora se inspirasse nos anos 1930, ele tinha sua própria versão deles –, mesmo as mulheres rechonchudas se sentiam bonitas. Ele não vestia só as magrelas, o que é sempre mais fácil". As estampas românticas e femininas de Birtwell, inspiradas em Bakst e Matisse, forneciam a teatralidade para os moldes de Ossie Clark. Enquanto ela estava ocupada no estúdio desenhando, ele muitas vezes ia se divertir com a turma de Chelsea, regada a drogas. Mas o estilo hedonista de Ossie, combinado com as estampas delicadas de Celia, fez deles uma equipe de criação imbatível.

Ossie Clark obteve sucesso meteórico nos dois lados do Atlântico. Sua biógrafa, Linda Watson, escreveu: "Ele entendia o corpo de uma mulher de um jeito que muitos homens não conseguiam. Ele as via como deusas, mas também entendia a anatomia feminina de um modo mais íntimo. Seus vestidos eram sensuais, nunca vulgares ou brutos. Deixavam qualquer mulher atraente".

O corte favorável de Ossie Clark, combinado com os tecidos românticos de Celia Birtwell, produziu roupas até hoje apreciadas por colecionadores. Seus vestidos glamorosos, mas fáceis de vestir, anteciparam o clima dos anos hippies e atraíram admiradores internacionais.

541
540
539
537.
542
538

MARSHA HUNT 1968

Beleza étnica

Em 1969, Patrick Lichfield fez fotos de Marsha Hunt (1946-) para a *Vogue* britânica: "As fotos seriam supostamente para a capa", lembrou a modelo, "o que faria de mim a primeira mulher negra na capa da *Vogue*. Isso não aconteceu, mas havia um página dupla dentro. Naquela época, isso era muito". O texto dizia: "As pessoas olham para Marsha Hunt nas ruas de Londres. Ela sabe. E não está nem aí. Quem se importa? Ela é ela. Ela é livre". O texto também a descrevia como "a boneca de piche mais bonita de Londres", um lembrete de que sensibilidade e igualdade racial ainda eram algo distante.

Marsha era a personificação da beleza negra, uma mulher com um cabelo em forma de aura. "O natural" – outra forma de se referir ao estilo afro – era o símbolo do movimento *black is beautiful* e uma afirmação da contracultura, do mesmo modo que os cabelos longos dos hippies. A foto de Lichfield que a mostrava nua – o que parecia apropriado pois ela era do elenco londrino do musical *Hair* – tornou-se uma imagem icônica dos anos 1960.

Hunt tinha credenciais impecáveis para a década. Vinha da Filadélfia, a cidade do amor fraternal, estudara em Berkeley e havia se juntado às marchas de protesto de Jerry Rubin contra a guerra do Vietnã. Mudou-se para Londres em 1966, onde "tudo parecia possível", lembra-se.

Além de seu papel (relativamente pequeno) em *Hair*, assinou um contrato de gravação, em 1968, com a mesma empresa que já contava com The Jimi Hendrix Experience, The Who, Thunderclap Newman e Arthur Brown.

Hunt conheceu Mick Jagger quando os Rolling Stones a convidaram para fazer um anúncio de "Honky Tonk Women" (1969), o que ela recusou, porque não queria "parecer ter passado pela mão de todos os Rolling Stones". Jagger convidou-a para sair, e assim começou o romance deles, que durou entre nove e dez meses. Eles tiveram uma filha, Karis, em 1970.

Os europeus, descobriu Marsha, identificavam-na como americana, e não afro-americana ou negra. Ela mesma descreve sua cor de pele como "um tom de carvalho com uma pitada de bordo" e diz: "Das várias heranças étnicas que carrego – africana, indígena americana, judia alemã e irlandesa –, somente uma era anunciada". Hunt inventou sua própria palavra para descrever a si mesma, uma combinação da francesa "*mélange*" (mistura) com "melanina": melangina.

MISSONI

Mestres de uma malharia nada convencional

1968

Ottavio ("Tai") Missoni (1921-2013) começou na malharia fazendo agasalhos esportivos. Ele conheceu sua mulher e sócia, Rosita, uma nadadora, enquanto ela competia com a equipe italiana nos Jogos Olímpicos de 1948, em Londres. Eles começaram sua malharia em 1953.

Em 1958, a Missoni produziu um vestido de malha listrado, derrubando a fronteira entre esporte e moda. Inicialmente produzindo para outros estilistas, o casal chamou a atenção do mundo da moda pela primeira vez em meados dos anos 1960, ao fazer uma coleção para a estilista francesa Emmanuelle Khanh. Para sua própria marca, no entanto, eles extrapolaram os limites convencionais da malharia, ocupando espaços novos e ousados. Influenciados pela arte e pelo design tradicionais, Tai e Rosita começaram com listras simples e depois avançaram para padrões mais complexos, caleidoscópicos, em zigue-zague, quanto mais o sucesso lhes permitia adquirir equipamentos sofisticados. Nunca mais o tricô de máquina seria julgado sem graça. Em 1965, o casal recebeu uma grande divulgação na mídia, com o reconhecimento da influente editora de moda italiana Anna Piaggi.

Coleções inspiradas na silhueta dos anos 1920 foram sucessos mundiais da Missoni em 1968 e 1969, e o casal ganhou fama por seu estilo original. Suas roupas eram criadas com vários tipos de tecido – lã, algodão, linho, viscose e seda – e, é claro, em uma variedade deslumbrante de cores. O impacto foi tal que, no início da década de 1970, a fidelidade dos Missoni a Milão ajudou a transformar a cidade em um dos principais centros da moda.

No final da década e com apenas algumas coleções com seu nome, a Missoni já tinha conquistado a aprovação de Diana Vreeland e do poderoso *Women's Wear Daily*. O *WWD* apoiou a estreia deles com notória cobertura e a manchete: "Missoni. Na ponta, com os vestidos mais desejados".

VALENTINO

Alta-costura *versus* contracultura

1968

Em 1959, depois de estagiar com Jean Dessès e Guy Laroche em Paris, Valentino Garavani (1932-) abriu seu próprio ateliê na Via Condotti, em Roma.

Uma de suas primeiras clientes foi Elizabeth Taylor, que estava em Roma com Richard Burton para as filmagens de *Cleópatra*. Ela encomendou um vestido branco para a estreia de *Spartacus*. Depois, várias estrelas internacionais a seguiram, de Audrey Hepburn a Rita Hayworth, às lendas italianas Sophia Loren e Claudia Cardinale, além de membros da realeza, como a princesa Margaret.

Nos anos 1960, o foco do mundo da moda estava em Londres, com suas butiques e moda acessível. Valentino havia se especializado em luxo, buscando clientes que desfrutavam um estilo de vida privilegiado e nada tinham a ver com as ruas. Pronto, porém, para enfrentar o desafio, ele criou uma coleção *prêt-à-porter* e, ao menos na imprensa especializada, pôde reivindicar o ano de 1968 como seu. Enquanto o mundo da moda estava obcecado com cores vivas, ele exibia o branco. A *Vogue* escreveu: "O branco de Valentino é o assunto da Europa. Todos os louros para o estilista de 35 anos, que se tornou o ídolo dos jovens, um novo símbolo do luxo moderno".

O crescimento da contracultura nos anos 1960 significava que roupas elegantes eram cada vez mais vistas como irrelevantes. Valentino passou grande parte da década nadando contra a maré das tendências populares. Enquanto Paris era tragada pelas manifestações estudantis de 1968, Valentino abria as portas de sua loja na avenida Montaigne. Mas seu talento foi impulsionado por um bom quinhão de sorte: no mesmo ano, Jackie Kennedy o escolheu para desenhar o vestido de noiva de seu casamento com Aristóteles Onassis, e da noite para o dia ele se tornou um nome conhecido. O estilista disse: "Devo muito a Jacqueline Kennedy. Ela se tornou uma amiga muito próxima. Desenhei todo o seu guarda-roupa, e ela me tornou famoso".

Suas marcas registradas eram o preto e o branco, mas com o tempo ele também aperfeiçoou seu próprio tom de vermelho, o vermelho-Valentino, declarando: "Depois do preto e do branco, não há cor melhor". E suas estampas de animais, que incluíam leopardo, zebra e girafa, tornaram-se clássicos atemporais, ainda que imediatamente identificadas com o início da década em que a moda começou a se afastar das ruas para redescobrir o luxo.

Em 1968, Valentino Garavani já tinha construído um nome com os vestidos vermelhos que, até hoje, são uma característica da *maison*. Mas a coleção branca daquele ano foi um sucesso e provou que a moda de rua não podia dominar os holofotes [na foto, Marisa Berenson, modelo e atriz americana, de perfil].

VERUSCHKA

A mutante da moda

1968

Veruschka nasceu em 1939, filha de um conde alemão. Seu nome completo (com título) é Vera Gottliebe Anna Gräfin von Lehndorff--Steinort. Seu pai foi executado após uma tentativa de assassinato contra Adolf Hitler em 1944, e a família passou o restante da guerra em campos de trabalho. Ela estudou arte em Hamburgo antes de se mudar para Florença, onde foi descoberta por Ugo Mulas, um fotógrafo que estava documentando as vanguardas italianas.

Veruschka era presença marcante no mundo das modelos e rapidamente se tornou uma das preferidas de Diana Vreeland. Mas, com 1,85 metro de altura, as ofertas de trabalho comercial não eram abundantes, então, com uma presença de espírito décadas à frente de seu tempo, ela começou a se reinventar. Vera virou Veruschka e aproveitou ao máximo sua altura e seu corpo de amazona. Quando o diretor Michelangelo Antonioni lançou-a em *Blow-Up*, em 1966, ela virou uma estrela. Sua atuação pode ter durado apenas cinco minutos, mas a cena com David Hemmings sobre seu corpo, na tentativa de conseguir o melhor ângulo para fotografá-la, é a mais memorável do filme.

Depois disso, dizia-se que ela ganhava até US$ 10 mil por dia, valor fantástico para a época. O certo é que os melhores fotógrafos do mundo faziam fila para trabalhar com ela. Mas ser uma estrela da moda era algo que lhe dava sentimentos ambivalentes: "Eu me frustrei muito rápido como modelo. Acho que Diana Vreeland deve ter percebido isso. Ela me apresentou a Franco Rubartelli em Roma. Me ocorreu que a única saída seria trabalhar com um fotógrafo, ter minhas próprias ideias e visões sobre como me transformar".

De volta a suas raízes nas belas-artes, Veruschka tornou-se pioneira na arte da pintura corporal e redefiniu-se novamente como uma "criativa futurista". Fez parcerias com o estilista Giorgio di Sant'Angelo, com quem criou um editorial de moda inesquecível no Arizona usando apenas pedaços de tecido, peles e uma sacola de perucas.

Em outubro de 2010, com 71 anos, desfilou para Giles Deacon na London Fashion Week.

"Eu estava sempre sendo um tipo de mulher diferente", admitiu a modelo, que, com 1,85 metro e calçando tamanho 39, não chegava nem perto do padrão de moda. Ela se dedicou a ultrapassar os limites da beleza e tornou-se um dos rostos mais marcantes da década. "Copiei Ursula Andress, Brigitte Bardot, Greta Garbo. Depois, isso me entediou e me pintei de animal."

TALITHA GETTY

Glamour em terras marroquinas

1969

Esta foto de Talitha e John Paul Getty Jr., feita por Patrick Lichfield em um terraço de Marrakesh, é uma das imagens mais marcantes dos anos 1960. A cidade se tornara o destino preferido dos hippies nessa década, e os Getty eram alguns de seus habitantes mais carismáticos.

Como atriz, o currículo de Talitha Dina Pol não ia além de um pequeno papel em *Barbarella* (1968), mas como ícone da moda seu estilo personificava um tipo de glamour daqueles anos – o da hippie--chique, reinventado muitas vezes desde então. De Dries Van Noten a Roberto Cavalli, de Dolce & Gabbana a Matthew Williamson, todos, em suas coleções, prestaram homenagens à influência dela.

Quando Rudolf Nureyev a conheceu em 1965, ficou obcecado por ela. Sua biógrafa, Julie Kavanagh, especula que, na verdade, ele pode ter se apaixonado por um reflexo andrógino de si mesmo. Ainda assim, ele teria dito a amigos que pela primeira vez se sentira atraído por uma mulher e queria se casar com ela. Talitha, porém, casou-se com o herdeiro do petróleo Paul Getty Jr., em Roma, em 1966. Para a cerimônia, usou um minivestido branco com acabamento de vison.

O casal passou a lua de mel em Marrakesh, onde depois fixou residência no Palais de la Zahia, uma casa do século XIX. Conhecida como "Palácio dos Prazeres", a casa adquiriu fama de extravagante por suas festas movidas a drogas, que muitas vezes tinham os Beatles e os Rolling Stones entre os convidados. Foi ali também que ela e Yves Saint Laurent ficaram amigos. Ele a visitou pela primeira vez nas férias e, em 1967, tornou-se íntimo dela, afirmando mais tarde que "quando conheci Talitha Getty meu ponto de vista mudou completamente". Ele se recordava do casal "deitado num terraço estrelado em Marrakesh, ambos lindos e malditos".

Talitha Getty tinha apenas 30 anos quando morreu de overdose de heroína em 1971, naquele mesmo período de um ano em que morreram Jimi Hendrix, Janis Joplin, Edie Sedgwick e Jim Morrison.

Talitha e John Paul Getty Jr. exibem kaftans marroquinos no terraço de sua casa de veraneio em Marrakesh. O fotógrafo Patrick Lichfield foi até lá a trabalho, pela *Vogue* americana.

JANE BIRKIN

1969

Lolita inocente ou *femme fatale*?

A inglesa Jane Birkin (1946-) chamou a atenção como atriz pela primeira vez com 20 anos, quando conseguiu um pequeno papel no filme *Blow-Up* (1966), do diretor italiano Michelangelo Antonioni (ver p. 48). Birkin interpretou "a loira", uma modelo de pernas longas que participa de uma desajeitada cena de sexo típica daqueles loucos anos 1960, que provocou escândalo na época, mas que hoje parece tão exagerada e ridícula como a de um filme de Austin Powers.

Nesse mesmo ano, ela fez um teste na França para o principal papel feminino de *Slogan* (1969). Embora não falasse francês, conseguiu o papel. Seu coprotagonista era Serge Gainsbourg, com quem ela cantou a música-tema do filme, "La chanson de slogan" – a primeira de muitas parcerias entre os dois. Em 1969, ela e Gainsbourg lançaram o dueto "Je t'aime... moi non plus", que ele havia escrito para Brigitte Bardot. A canção gerou escândalo por sua letra e interpretação de explícito teor sexual e foi banida por emissoras de rádio da Itália, da Espanha e do Reino Unido.

As escolhas chamativas de Birkin em questão de moda – o minivestido diáfano de tricô, as calças transformadas em shorts, assim como o clássico trench coat e os sapatos sóbrios de salto baixo – fizeram dela uma inspiração para qualquer mulher estilosa. Ela é adorada por estilistas até hoje, por seu *sex appeal* desgrenhado e espontâneo: tão poderoso em um vestido de noite chique como em jeans e camiseta justa.

Da franja reta que se tornou sua marca registrada aos olhos amendoados e as pernas quilométricas, sua beleza era uma mistura extraordinária de Lolita inocente com *femme fatale* lânguida.

No final da década de 1960, o mundo era escravo de um novo tipo de beleza: a da "loira alta de pele macia com bota de couro, capa de chuva clássica e calça de flanela cinza". A *Vogue* apontou exemplos perfeitos desse tipo, como Jane Fonda, Françoise Hardy e Françoise Dorléac. Mas a primeira da lista era Jane Birkin.

JANIS JOPLIN

Estilo libertador

1969

Janis Joplin cavou um lugar para si mesma como uma estrela que amou, viveu e cantou intensamente, algo raro no mundo machista do rock. Richard Goldstein, um crítico da época, descreveu sua presença no palco como "a antítese total da entrada de uma estrela". "Seu rosto grosseiro e extraordinário não tem maquiagem. Seus longos cabelos castanhos não brilham. Ela aperta os olhos por causa do excesso de cigarro, e sua embriaguez e sustento parecem vir de licor barato."

Na Universidade do Texas, ela uma vez foi chamada de "o homem mais feio do campus". Rejeitada pela própria família e por sua cidade natal, mudou-se para São Francisco. Sua ascensão foi meteórica, mas seu isolamento era constante. "No palco, faço amor com 25 mil pessoas", disse. "Depois vou para casa sozinha."

Em 1968, tornou-se famosa tanto por seu estilo idiossincrático e influente quanto por sua música. No festival de Monterey, trocou as camisas por lamê, pele de lince e jeans estampado com símbolos da paz. Suas miçangas, pulseiras e penas típicas foram imitadas por fãs e colegas roqueiros. Ostentando um pequeno coração tatuado no peito, ela também ajudou a popularizar essa prática. Usava tantos colares de contas longos que dizia, brincando, que nem precisaria vestir uma camisa.

Para a crítica de rock dos anos 1960 Lillian Roxon, Janis ajudou as americanas a se liberarem de cintas e sutiãs estruturados. Em festivais por todos os Estados Unidos, viam-se "as filhas de Janis, rosto duro, doído e desafiante, livre de maquiagem e de outros aperfeiçoamentos sintéticos".

O fenômeno Joplin feneceu rápido, em razão de sua morte por overdose de heroína em 1970. Sua biógrafa, Alice Echols, observou que ela foi "uma das últimas mulheres famosas cuja morte estava ligada de alguma forma à impossibilidade de conciliar a artista com a mulher".

Com seu estilo inconfundível, Joplin influenciou fãs e colegas roqueiros. Ela usava penas no cabelo e na roupa e fez da tatuagem uma intervenção corporal descolada. Seu visual, assim como toda a sua vida, foi de excessos: na cor, no tamanho e na forma.

JEAN MUIR

Rainha do vestido

1969

Jean Muir (1928-1995) fez estágios na Liberty e na Jaeger antes de iniciar seu próprio negócio, Jane & Jane, em 1962. Quando ainda nem se falava em *prêt-à-porter*, ela abriu caminho pelo mundo da moda servindo de ponte entre o mercado de massa e a alta--costura. Muir criou um nicho original com seu corte rigoroso e proporção elegante. Suas roupas expressavam controle e recato e, ainda assim, conseguiam revelar todas as linhas do corpo. "Desenho roupas femininas, não feministas", declarou a srta. Muir (como ela gostava de ser chamada). "Gosto de fazer roupas para mulheres, não para divas exigentes."

Em 1966, ela abriu a Jean Muir Ltd, e, em 1967, uma revista francesa intitulou-a "*la reine de la robe*" (a rainha do vestido) – homenagem que a elevou à elite, à categoria de Madeleine Vionnet, Madame Grès e Chanel. Ela preferia o título de costureira ao de estilista. Para ela, a moda era um "comércio exigente" que precisava de muito trabalho e inteligência. "Adoro fazer provas, aperfeiçoar a forma correta. Adoro a matemática por trás disso." Seu conceito de simplicidade refletia uma persona elegante e quase austera. Ela mesma só usava roupas azul-marinho, e sua casa era inteira decorada com branco. Muir tornou-se conhecida por sua genialidade técnica e seu refinamento.

Admiradora de balé, Muir preferia tecidos fluidos, especialmente o jérsei fosco, e para criar forma usava pregas em vez de pences. Como resultado, as linhas tinham fluidez, sem sacrificar a estrutura. "Como sou pequena, jamais gostei de peso extra", disse. "Eu queria fazer roupas com aparência de alta-costura, mas que fossem *prêt-à-porter*. Era preciso eliminar uma porção de detalhes."

Jean Muir acreditava que as mulheres estilistas eram dotadas de um senso prático que lhes permitia criar roupas ao mesmo tempo elegantes e confortáveis. "Acho que os homens costumam impor uma forma às mulheres. No mundo bastante complexo de hoje, acredito que a mulher tem maior senso prático." Para além das tendências e do tempo, seu olhar sempre foi mais evolução que revolução.

Durante sua carreira, a marca registrada de Jean Muir foi aperfeiçoada com roupas construídas com habilidade, detalhes mínimos e linhas longas e fluidas. Os tecidos preferidos eram o jérsei, o crepe e a camurça, geralmente de tons lisos e escuros. Para ela, tendência, na moda, era algo execrável. O objetivo final era estilo.

JOHN LENNON E YOKO ONO

1969

Uma chance à paz

Toda geração tem seus casais que hipnotizam o público. Nos anos 1960, nenhum recebeu mais atenção da imprensa mundial do que John Lennon e Yoko Ono. Eles se tornaram líderes emblemáticos de uma revolução cultural universal.

A Guerra do Vietnã era manchete de primeira página quando eles se conheceram em 1966, em uma das performances de arte de Ono na galeria Indica, de Londres. Frustrado com sua busca por iluminação espiritual em um retiro hindu, Lennon ficou fascinado por Yoko, cujo percurso em direção à maturidade na Tóquio traumatizada do pós-guerra o fez refletir. Em Yoko, acreditava Lennon, sua vida ostensiva e vazia encontrava um propósito.

Lennon deixou sua mulher e a mansão no subúrbio londrino e foi viver com Yoko em um apartamento. Em 1968, eles lançaram o álbum *Unfinished music # 1: Two virgins*, com um autorretrato nu dos dois na capa. Casaram-se em março de 1969 no consulado britânico de Gibraltar e posaram para as fotos oficiais, feitas por David Nutter. John com um terno e um suéter de gola alta brancos e Yoko com um minivestido branco, combinando, e um chapéu alto de abas.

Lennon e Ono representavam uma geração que estava "largando tudo" na América e na Europa. O cabelo desgrenhado e as roupas brancas refletiam não só uma mudança na moda, mas também na atitude. A geração do amor livre queria mais do que os ideais dos anos 1950, com salários regulares, um bom carro e uma vida em um bairro tranquilo.

O casal prometeu organizar vários *happenings*. O primeiro foi a lua de mel na cama do hotel Hilton em Amsterdã. Depois houve o cartaz gigantesco na Times Square, em Nova York: "É o fim da guerra – se você quiser". Na década seguinte, o alvo deles foi a turma de engravatados americanos. A fama de Lennon associava-se perfeitamente às performances artísticas ousadas de Ono, resultando em criativas mensagens antiguerra.

Quatro dias após esta foto dos recém-casados no aeroporto de Heathrow, John e Yoko estavam no Canadá para um de seus *bed-ins*, performances em que não saíam da cama por vários dias. Depois de passarem a lua de mel protestando à sua maneira em Amsterdã e das semanas seguintes em esforços infrutíferos para engajar líderes mundiais nas negociações de paz, eles atravessaram o Atlântico. O visual todo branco tornou-se um símbolo duradouro da New Age.

MARIANNE FAITHFULL

A eterna garota do rock

1969

Filha de um militar britânico e de uma ex-bailarina, Marianne Faithfull era adolescente quando foi apresentada aos Rolling Stones em 1964. Jagger e Richards escreveram "As tears go by" para ela, e a colegial de 17 anos de Hampstead viu-se transformada em estrela pop. Ela foi inspiração para muitas gravações dos Rolling Stones, entre elas "Let's spend the night together", "You can't always get what you want" e "Wild horses", e foi Faithfull quem escreveu a letra de "Sister morphine".

Com olhos grandes, cabelos dourados e compridos, vestidos babydoll e meias até os joelhos, Faithfull sintetizou o estilo da década. Ela era uma beldade dos anos 1960 e certa vez foi memoravelmente descrita como "um anjo com seios fartos". Ela também representava o estilo de vida rock'n'roll.

Antes de completar 21 anos, Faithfull já tinha se casado e tido um filho; ela rejeitou as investidas de Bob Dylan, apaixonado, que lhe dedicou poemas; tinha tido casos breves com Brian Jones e Keith Richards, que sugeriu que ela e Mick Jagger dariam um ótimo casal: "Vai lá, meu amor, passa uma cantada nele; ele vai cair da cadeira. Ele não é tão ruim assim depois que você o conhece melhor".

Em 1967, Mick Jagger assumiu para a polícia a posse de comprimidos ilegais, que na verdade pertenciam a Faithfull. Os tabloides londrinos a imortalizaram com a manchete "Mulher seminua em festa de drogas".

No filme *A garota da motocicleta* (1968), Faithfull chocou o público com um macacão de couro. Seu estilo misturava rock e hippie-chique sem esforço. Não é preciso investigar muito para descobrir que foi no repertório de Faithfull que Kate Moss buscou algumas de suas melhores ideias.

A própria Faithfull admitiu, em entrevista para o *New Musical Express*, que "o primeiro passo foi conseguir namorar um Rolling Stone. Eu dormi com três deles e concluí que o vocalista era o melhor". Por mais interesseiro que isso possa parecer, deve-se a ela, no entanto, a inspiração de boa parte do melhor trabalho de Jagger.

A JAQUETA SAFÁRI

1969

Luxo utilitário definitivo

Três anos após inaugurar a loja Rive Gauche com roupas femininas na rue de Tournon, Yves Saint Laurent abriu um lugar dedicado à moda masculina na mesma rua. Na festa de inauguração, ele foi fotografado por Helmut Newton usando uma jaqueta safári.

Era o nascimento de outro ícone do estilista francês. Desde então, o clássico de quatro bolsos é um bastião do guarda-roupa YSL, com o smoking e o casaco de abotoamento duplo. Há mais de quarenta anos a jaqueta safári é reinterpretada na moda masculina e na feminina, sendo usada em diversas ocasiões, para atividades ao ar livre, formais, como camisa descontraída ou vestido sedutor.

Mas, em 1968, ela pertencia somente ao guarda-roupa dos homens, caracterizada, por exemplo, pela virilidade de Ernest Hemingway ou de exércitos coloniais africanos. Podia ser apenas uma roupa, mas a tomada e a reinvenção dessa peça utilitária pela moda simbolizavam de modo perfeito a agitação social e política da década de 1960 e obscureceram as distinções entre masculino e feminino.

Ironicamente, a primeira jaqueta safári não foi feita para uma coleção, mas encomendada para um editorial de moda com o tema safári, fotografado por Franco Rubartelli para a *Vogue* francesa em 1968 e estrelado por Veruschka, que atravessou o mato com uma faca de caça no cinto e um rifle pendurado nos ombros. O editorial foi inspirado no grande sucesso da coleção africana de Saint Laurent, de 1967.

Curta, sexy, usada com um cinto afivelado, a roupa de Veruschka encarnava o espírito libertário que revolucionaria os guarda-roupas. Na esteira de seu sucesso, a produção da jaqueta safári de Saint Laurent foi iniciada imediatamente e vendida nas lojas da Rive Gauche na temporada seguinte. Desde então, quase não houve uma só coleção de YSL sem alguma aparição do icônico modelo.

Desde que foi usada em um editorial de moda, a jaqueta safári foi vista em versão glamorosa e cintilante para a noite, como terno urbano sob medida ou como uma companheira descontraída para um vestido de denim. Ela pode ter nascido por acaso, mas a *saharienne* continua um clássico descolado.

NT LAURE

ÍNDICE

Os números de página em *itálico* indicam fotos.

CRÉDITOS DE IMAGEM

O editor gostaria de agradecer aos seguintes colaboradores por sua permissão para reproduzir as seguintes fotos:

2 Lichfield/Getty Images; 4 Warner Bros/The Kobal Collection; 5 abaixo David Montgomery/Getty Images; 5 acima Celia Birtwell; 6 MGM/The Kobal Collection; 7 David McCabe/Condé Nast Archive/Corbis; 9 David Redfern/Redferns/Getty Images; 11 Les Productions Georges de Beauregard/Societe Nouvelle de Cinematographie/Ronald Grant Archive; 13 Norman Parkinson/Corbis; 15 Hulton--Deutsch Collection/Corbis; 17 David Redfern/Redferns/Getty Images; 19 Sunset Boulevard/Corbis; 21 Eve Arnold/Magnum Photos; 22 Tony Palmieri/Condé Nast Archive/Corbis; 25 Everett Collection/Rex Features; 27 Central Press/Hulton Archive/Getty Images; 29 20th Century Fox/The Kobal Collection; 31 Peter Knapp; 33 Terry O'Neill/Hulton Archive/Getty Images; 35 Bettmann/Corbis; 37 Ronald Dumont/Getty Images; 39 Tony Evans/Getty Images; 41 Bob Adelman/Corbis; 43 MGM/The Kobal Collection; 45 Steve Schapiro/Corbis; 47 Ralph Crane/Life Magazine/Time & Life Pictures/Getty Images; 49 Arthur Evans/MGM/The Kobal Collection; 51 © Estate of Jeanloup Sieff; 53 Henry Clarke/Condé Nast Archive/Corbis; 55 Burt Glinn/Magnum Photos; 57 Elliott Erwitt/Magnum Photos; 59 Reg Lancaster/Getty Images; 61 Dezo Hoffmann/Rex Features; 63 Robert & Raymond Hakim/Paris Film Productions/Ronald Grant Archive; 65 Warner Bros/The Kobal Collection; 67 David Graves/Rex Features; 69 Philip Jones Griffiths/Magnum Photos; 71 Reg Lancaster/Getty Images; 73 Courtesy of Design Museum, Helsinki. Photographer unknown; 75 PA Archive/Press Association Images; 77 Lichfield/Getty Images; 79 Bonnie MacLean/Private Collection/The Bridgeman Art Library; 81 Everett Collection/Rex Features; 83 Hulton Archive/Getty Images; 85 Celia Birtwell; 87 Crollalanza/Rex Features; 89 Courtesy of Missoni; 91 Henry Clarke/Condé Nast Archives/Corbis; 93 Franco Rubartelli/Condé Nast Archive/Corbis; 95 Patrick Lichfield/Condé Nast Archive/Corbis; 97 Alain Loison/Apis/Sygma/Corbis; 99 Terry O'Neill/Hulton Archive/Getty Images; 101 Patrick Hunt/Ernestine Carter Collection/Fashion Museum, Bath and North East Somerset Council; 103 Hulton-Deutsch Collection/Corbis; 105 William Lovelace/Express/Getty Images; 107 Wesley/Keystone/Getty Images.

Todos os esforços possíveis foram feitos para localizar os detentores de direitos autorais. Pedimos desculpas antecipadas por qualquer omissão não intencional, garantindo que teremos o prazer de dar todo devido crédito em publicações subsequentes desta obra.

BIBLIOGRAFIA

Vreeland, Lisa Immordino (2010). *Diana Vreeland: The eye has to travel.* Nova York: Abrams Devlin

Polly (1979). *Vogue book of fashion photography: 1919-1979.* Nova York: Simon & Schuster

Duras, Marguerite (2010). *Yves Saint Laurent: Icons of Fashion.* Munique: Schirmer/Mosel Verlag

Edkins, Diana e Tapert, Annette (2005). *The power of style.* Nova York: Watson Guptill/Crown Publications

Howell, Georgina (1978). *In Vogue: sixty decades of fashion.* Nova York: Viking

Jones, Dylan (1990). *Haircults: fifty years of styles and cuts.* Londres: Thames & Hudson Ltd

Rennolds Millbank, Caroline (1989). *New York fashion: The evolution of American style.* Nova York: Harry N. Abrams, Inc.

Taylor, Elizabeth (2002). *My love affair with jewellery.* Nova York: Simon & Schuster

Vreeland, Diana (2011). *Glamour.* São Paulo: Cosac Naify

CRÉDITOS

Fifty fashion looks that changed the 1960s foi publicado originalmente em 2012 por Conran Octopus Ltd, uma divisão da Octopus Publishing Group, Endeavour House, 189 Shaftesbury Avenue, Londres WC2H 8JY. www.octopusbooks.co.uk

Hachette UK Company
www.hachette.co.uk

Coordenação do projeto: Publifolha
Editora assistente: Fabiana Medina
Produtora gráfica: Samantha R. Monteiro
Tradução: Laura Schichvarger
Preparação: Ciça Caropreso
Revisão: Laila Guilherme, Gabriela Caprara
Revisão técnica: Mariana Rocha
Editoração eletrônica: MOS editorial

Edição original: Conran Octopus Ltd.
Texto: Paula Reed
Publisher: Alison Starling
Consultoria: Deyan Sudjic
Editora sênior: Sybella Stephens
Editor: Robert Anderson
Diretor de arte: Jonathan Christie
Design: Untitled
Iconografia: Anne-Marie Hoines, Sara Rumens
Produção: Caroline Alberti
Foto de capa: Twiggy, em 1966. Popperfoto/Getty Images

Dados Internacionais de Catalogação na Publicação (CIP)
(Câmara Brasileira do Livro, SP, Brasil)

Reed, Paula
50 ícones que inspiraram a moda : 1960 / Paula Reed ; [tradução Laura Schichvarger]. – São Paulo : Publifolha, 2014. – (50 ícones que inspiraram a moda)

1ª reimpr. da 1ª ed de 2013.
Título original: Fifty fashion looks that changed the 1960s.
ISBN 978-85-7914-493-6

1. Moda – História – Século 20 2. Moda – História – 1960-1970
I. Título. II. Série.

13-11468 CDD-746.92

Índice para catálogo sistemático:
1. Ícones que inspiraram a moda : 1960-1970 : Século 20 : História 746.92

Este livro segue as regras do Acordo Ortográfico da Língua Portuguesa (1990), em vigor desde 1º de janeiro de 2009.

Impresso na C&C Offset Printing Co Ltd, China.

PUBLIFOLHA
Divisão de Publicações do Grupo Folha
Al. Barão de Limeira, 401, 6º andar
CEP 01202-900, São Paulo, SP
Tel.: (11) 3224-2186/2187/2197
www.publifolha.com.br